기도의 능력

Power through Prayer

세월이 흘러도 변함없이 좋은 책 5

기도의 능력

이 엠 바운즈 지음 | 이현우 옮김

좋은씨앗

세월이 흘러도 변함없이 좋은 책 5

기도의 능력

초판 1쇄 발행 | 2009년 1월 15일
초판 5쇄 발행 | 2021년 11월 20일

지은이 | 이 엠 바운즈
옮긴이 | 이현우
일러스트 | 황성욱
펴낸이 | 신은철

펴낸곳 | 좋은씨앗
출판등록 제4-385호(1999. 12. 21)
주소 | (06753) 서울시 서초구 바우뫼로 156(양재동, 엠제이빌딩) 402호
주문전화 | (02) 2057-3041 주문팩스 | (02) 2057-3042
페이스북 | www.facebook.com/goodseedbook
이메일 | good-seed21@hanmail.net

ISBN 978-89-5874-129-9 03230

이 책의 저작권은 도서출판 좋은씨앗에 있습니다. 저작권법에 의하여
한국 내에서 보호받는 저작물이므로 무단전재와 무단복제를 금합니다.

여호와와 그의 능력을 구할지어다
그의 얼굴을 항상 구할지어다.

시편 105:4

목차

책을 읽기 전에 능력은 기도를 통해 임합니다 9

1장 하나님은 기도의 사람을 찾으십니다 14

2장 우리의 자격은 하나님에게서만 나옵니다 25

3장 참된 기도가 없으면 죽음을 낳습니다 32

4장 피해야 할 기도의 위험들 40

5장 기도는 모든 것의 핵심입니다 47

6장 기도가 성공을 부릅니다 53

7장 더 많이, 더 깊이 기도해야 합니다 58

8장 우리는 기도의 위인이 되어야 합니다 65

9장 기도로 하루를 시작하십시오 71

10장 기도와 헌신은 하나입니다 76

11장 위대한 헌신의 사람 83

12장 기도는 준비된 마음을 빚습니다 91

13장 머리가 아닌 마음에서 은혜가 나옵니다 98

14장 기도는 성령의 기름부으심을 가져옵니다 103

15장 기름부으심은 설교가 설교 되게 합니다 107

16장 기도의 골방에서 기름부으심이 임합니다 113

17장 우리는 사도들을 본받아 기도해야 합니다 122

18장 우리는 설교자를 위해 기도해야 합니다 130

19장 헌신은 기도에 비례합니다 140

20장 하나님은 기도의 사람을 찾으십니다 149

책을 읽기 전에
능력은 기도를 통해 임합니다

주일 아침, 교회로 향하는 길에서 우연히 E. M. 바운즈(Edward McKendree Bounds, 1835-1913)와 마주치는 장면을 상상해 봅시다. 머리가 조금 벗겨지고 근사하게 수염을 기른 그는 두툼하고 따듯한 손을 내밀면서 아마도 "오늘 아침에 기도하셨나요?"라고 가장 먼저 물을 것입니다. 그가 예배 시간에 특별 설교자로 강단에 선다면, 그의 입술에서는 '기도'나 '무릎'이라는 단어가 가장 많이 흘러나오게 될 것입니다. 그럴 때 우리는 고개를 들지 못하거나 눈을 마주치지 못합니다. 그렇다고 죄책감을 갖게 하거나 우리의 게으름을 나무랄 의도로 그가 그런 이야기를 하는 것이라고는 생각지 마십시오. 우리에게 가장 좋은 것을 전해주고픈 열심이 있어서 그렇습니다. 살아오면서 몸소 경험한 가장 귀한 것을 우리와 함께하고픈 욕심 때문에 그런 겁니다.

목사이자 한 때는 변호사요 잡지사 편집장이기도 했던 E. M. 바운즈는 무엇보다 '기도의 사람'으로 우리에게 알려져 있습니다. 그는 날마다 새벽 4시에 일어나 3시간 씩 기도하는 것으로 하루를 시작했습니다. 기도하지 않고는 문밖을 나서지 않았고, 기도하지 않고서는 목회자의 일을 시작하지 않았습니다. 탁월한 언변에 솜씨 좋은 문장가였던 그가 생전에 남긴 저서라고는 오로지 '기도'에 관한 것뿐이었습니다.

기도에 헌신하는 바운즈의 삶은 남북전쟁으로 폐허가 된 남부의 한 소도시에서 두드러지게 나타났습니다. 테네시 주 프랭클린은 그가 남부 연합군 소속 목사로 전투에 참여했다가 포로가 되었던 지역이기도 했습니다. 그래서인지 바운즈는 석방되자마자 그곳으로 달려가 전쟁의 상흔으로 찢어진 지역민들의 상처를 싸매고 침체된 영적 분위기를 되살리고자 애썼습니다. 그것을 위해 그가 마련한 첫 번째 계획은 기도회였습니다. 매주마다 정해진 시간에 기도 모임을 열어 하나님의 기름부으심이 그곳에

임하기를 몇 시간 씩 기도하고, 부흥의 불길이 타오르기를 소원했습니다.

프랭클린 지역은 곧 성령의 강력한 역사가 일어났고 '기도의 선지자'이자 복음전도

자로서 바운즈의 이름이 알려지기 시작했습니다. 이후에 그는 순회 설교자로 그리고 복음전도자로 사역하다, 1913년 8월 24일 조지아 주 워싱턴에서 숨을 거두었습니다. 그와 절친했던 한 지인은 성도들의 상한 심령과 교회의 침체된 영성을 안타까워하며 기도에 몰두했던 그의 모습에 대해 이렇게 회고했습니다.

> 잃어버린 영혼들과 타락한 사역자들을 위해 그토록 뜨겁게 눈물을 흘린 사람은 없었다. 그가 조용한 방에서 우리 모든 이를 위해 하나님께 무릎 꿇고 호소할 때면 그의 얼굴에는 언제나 눈물이 흘러내렸다.

호흡하는 것, 숨 쉬는 것이 육체적으로 절대적이듯 그에게 기도는 영혼을 위한 호흡이었습니다. 하나님과 교제하는 그의 뜨거움은 영적 세계를 관통하는 맹렬한 독수리의 비상을 떠올리게 합니다. 그는 기도를 쉬는 죄를 범하지 않기 위해 애썼습니다. 아침에 늦게 일어나는 것을 참지 못했으며, 저녁 시간을 함부로 보내는 것도 스스로 용납하지 않았습니다.

그런 그가 오늘도 기도에 게으르고 영적으로 무기력한 우리를 찾아와 책 한 권을 불쑥 내밉니다. 『기도의 능력』, 보다 정확히 표현하면 『기도를 통한 능력(Power through Prayer)』입니다. 기도에 관하여 사람들은 '기도에 능력이 있다'고 쉽게 오해할 수 있습니다. 얼핏 맞는 말 같지만, 기도 자체에 능력이 있는 것이 아니라 기도를 통해 능력이 온다는 의미가 정확할 것입니다. 우리가 소유한 능력은 진실한 능력이 아닙니다. 능력으로 치면 사도 바울을 따라올 사람이 있겠습니까? 그는 능력으로나 조건으로나 당시에 제일가는 사도였습니다. 그럼에도 불구하고 그는 자신이 소유한 모든 뛰어난 것을 배설물로 여기고 날마다 하나님의 능력을 얻기 위해 기도하였을 뿐만 아니라 각지에 흩어진 교회의 성도들에게 자신을 위해 기도해줄 것을 간청하기까지 했습니다. 진실하고 참된 능력은 오직 그리스도인의 간절한 기도를 통해 하나님으로부터만 올 수 있음을 알았기 때문입니다.

아무리 신령한 사람이라고 해도 그의 기도가 능력을 창조해내는 것이 아닙니다. 오직 하나님의 놀라운 능력이 진실한 그리스도인의 기도를 통해 임할 뿐입니다. 그러므로 우리가 기도하면 성령의 기름부으심이 임합니다. 능력이 없다거나 영적으로 무기력하다는 것은 우리가 기도하지 않는다는 분명한 증거만 될 뿐입니다. 우리가 남들에게 보잘것없고 무가치하게 여겨질지라도 우리 안에 믿음이 있고 그 믿음을 근거로 기도할 때 하나님의 놀라운 능력이 우리의 소유가 될 것입니다.

우리가 능력 없이 살아가는 것은 변명이 될 수 없습니다. 우리가 무기력하게 살아가는 것은 결코 하나님의 뜻이 아닙니다. 하나님께서는 자녀들에게 엄청난 것을 주기 원하십니다. 그런데 우리가 기도하지 않아서 그것을 소유하지 못한다면 그것만큼 불행한 일이 어디 있겠습니까?

하나님을 위해 일하기 전에 먼저 하나님 앞에 나아가 기도하십시오. 우리가 일하면 단지 우리가 일할 뿐이지만 우리가 기도하면 하나님이 일하십니다. 그 하나님의 능력을 얻기 위해 날마다 간구하십시오. 그리고 하나님이 세우신 우리 자신을 위해 시간을 드려 눈물을 흘리십시오.

하나님은 기도의 사람을 찾고 계십니다.

CHAPTER 1
하나님은 기도의 사람을 찾으십니다

우리의 방법 vs 하나님의 방법

우리는 교회 성장과 효율적인 복음 전파를 위해 날마다 새로운 방법과 계획과 조직 마련에 힘씁니다. 하지만 이런 흐름은 오히려 우리가 중요하게 여겨야 할 사람들을 놓칠 위험이 있습니다. 혹은 쏟아져나오는 계획과 온갖 조직 속에서 오히려 길을 잃어버릴 염려마저 있습니다. 그러나 하나님의 계획은 '사람'에게 있습니다. 그분은 무엇보다 사람에게 집중하십니다. 우리가 새로운 '방법'과 기발한 '계획'을 통해 일하려 하는 동안, 하나님은 '사람들'을 세우시고 그들을 통해 일하십니다. 사람들이야말로 하나님의 방법입니다.

교회는 더 나은 방법들을 찾지만 하나님은 더 나은 사람들을 찾으십니다. 그 좋은 예가 세례 요한입니다.

> 하나님께로서 보내심을 받은 사람이 났으니 이름은 요한이라(요 1:6).

그리스도를 위해 길을 예비하는 하나님의 계획은 전적으로 요한이라는 사람에게 달려 있었습니다. 또한 하나님은 세상을 구원하시기 위해 다른 방법을 강구하기보다 예수 그리스도를 이 땅에 보내셨습니다.

> 한 아이가 우리에게 났고 한 아들을 우리에게 주신 바 되었는데 그의 어깨에는 정사를 메었고 그의 이름은 기묘자라, 모사라, 전능하신 하나님이라, 영존하시는 아버지라, 평강의 왕이라 할 것임이라(사 9:6).

하나님이 오랫동안 고대하신 이 세상의 구원은 구유에 누운 한 아이에게서만 나올 수 있었습니다.

바울도 남들보다 뛰어난 방법을 사용하기보다 이 세상에 복음을 전할 사람들에게 집중함으로 예수 그리스도의 대사명을 실천하고자 했습니다. 복음의 영광과 성패는 전적으로 그 복음을 오늘날의 교회는 더 많거나 더 좋은 기계가 필요하지 않습니다.
더 새로운 조직이나 기발한 방법론이 필요하지도 않습니다.
교회는 성령님이 쓰실 수 있는 사람들이 필요할 뿐입니다.

"더 좋은 기능은 없어요?"

선포하는 사람들에게 달려 있음을 알았기 때문입니다. 하나님께서는 "온 땅에서 온전히 여호와께 몸을 맡기는 사람을 찾고 계십니다. 여호와께서는 그런 사람들을 강하게 해주기를 원하십니다"(대하 16:9, 쉬운성경). 이 말씀에 따르면 하나님은 사람들이 필요합니다. 그분은 사람들을 의지해 그분의 능력을 세상에 드러낼 통로로 쓰시기 적합한 사람들을 찾고 계십니다.

우리가 잊고 있는 것

그러나 우리의 기계 문명 세대는 이토록 중요한 진리를 잊고 있는 듯합니다. 이러한 진리의 망각은 곧 태양이 그 궤도에서 벗어나는 것만큼이나 위험한 일입니다. 어둠과 혼란과 죽음만이 피할 수 없는 결과로 나타납니다.

오늘날의 교회는 더 많거나 더 좋은 기계가 필요하지 않습니다. 더 새로운 조직이나 기발한 방법론이 필요하지도 않습니다. 교회는 성령님이 쓰실 수 있는 사람들이 필요할 뿐입니다. 그들은 어떤 사람들일까요? 그들은 기도의 사람이며, 기도에 능한 사람입니다. 성령님은 갖가지 방법을 통하여 일하시지 않고 오직 사람들을 통하여 일하십니다. 그분은 기계가 아닌 사람들 위에 임하십니다. 그분은 온갖 계획들이 아니라 사람들, 정확히 말해, 기도의 사람들 위에 기름 부으십니다.

어느 저명한 역사가는 한 나라의 혁명적인 변화는 정치 지도자나 권위 있는 사상가들이 아닌 뛰어난 성품의 개인들에 의해 이루어진다고 언급한 바 있습니다. 이러한 진리는 그리스도의 복음에도 동일하게 적용됩니다. 세상이 그리스도의 나라가 되게 하고 나라와 개인들이 거룩해지도록 만드는 것은 바로 그리스도를 따르는 사람들의 성품과 행실입니다. 복음을 전하는 자들인 우리가 명심해야 할 사실입니다.

설교보다 중요한, 설교자

설교자는 복음을 맡은 자입니다. 그는 하나님이 주신 메시지를 제대로 전할 수도 있고 잘못 전할 수도 있습니다. 그런 점에서 설교자는 하늘의 기름이 흘러가는 황금 송유관과도 같습니다. 그 송유관은 황금으로 되어 있을 뿐만 아니라 막힘이 없어야 하며, 흠결도 없어야 합니다. 기름으로 가득 차서 한 방울도 새지 않고 거침없이 흘러가야 합니다.

복음은 사람이 전하지만, 그 사람은 하나님이 세우셔야 합니다. 메시지보다 메시지를 전하는 사람이 더 중요한 법이며, 설교보다는 설교자가 더 중요하기 때문입니다. 어머니가 아기에게 주는 젖은 어머니의 생명과 다르지 않듯, 설교자가 전하는 모든 내용은 그의 모든 것이 담겨 있기 마련입니다. 그릇에 무엇이 담겨 있다면, 그릇의 어떠함 때문에 내용물이 영향을 입게 된다는 말입니다.

사람이 내뱉는 설교에 그 사람의 모든 것이 담겨 있습니다. 설교는 한 시간 동안의 강연이 아닙니다. 그것은 삶의 유출입니다. 그 사람을 빚는 데 20년 세월이 걸렸다면, 그 설교를 빚는 데도 20년 세월이 걸린 것이나 마찬가지입니다. 그래서 진정한 설교는 삶 그 자체입니다. 사람은 성장합니다. 그러기에 설교도 성장합니다. 사람은 자랄수록 힘이 세집니다. 그러기에 설교도 점점 힘이 세집니다. 만일 사람이 거룩하다면 그의 설교 또한 거룩할 것이 분명합니다. 만일 사람이 하나님의 기름부으심을 입어 온전하다면 그의 설교 또한 하나님의 기름부으심으로 충만하게 될 것입니다.

복음이 삶이 된 설교자

바울은 이 같은 의미를 담아 "나의 복음"(롬 2:16)이라는 표현을 사용했습니다. 이 말은 그가 자신만의 개성이나 자신이 이해한 방식대로 복음을 변형시켰다는 뜻이 아닙니다. 오히려 복음이 그의 생명이 되고 복음이 그의 삶이 되어, 그의 심장에 고스란히 담겼다가 맹렬한 불길로 사람들에게 증거됐다는 뜻입니다. 바울의 설교는 어떤 것이었을까요? 그것들은 지금 어디에서 찾을 수 있을까요? 그것들은 이제는 영감 있는 책에서나 찾을 수 있습니다. 그것마저도 어느 때는 뼈대의 형태로, 어느 때는 조각난 단편들로 흩어져 있을 뿐입니다. 그러나 바울이라는 — 그의 설교보다 더 위대한 — 사람은 지금뿐만 아니라 영원히 살아서 온전한 형체와 특성과 위상을 잃지 않은 채로 교회에 크나큰 영향을 미치고 있습니다. 설교는 소리입니다. 소리는 잠잠해지다가 사그라듭니다. 글귀는 잊혀집니다. 설교는 기억 속에서 희미해져 갑니다. 그러나 설교자는 영원히 살아 있을 것입니다.

제 아무리 힘이 있는 설교라 해도 그 설교자보다 강력할 수는 없습니다. 결국 설교자는 자신의 삶보다 더 강력한 설교를 행할 수 없습니다. 죽은 사람은 죽은 설교를 전합니다. 그리고 죽은 설교는 다른 사람을 죽일 뿐입니다. 설교가 어떤 힘을 발휘하느냐는 전적으로 설교자의 영적 성품에 달렸습니다.

구약 시대에 대제사장은 "여호와께 성결"이라는 글씨가 새겨진 금빛 패가 달린 관을 머리에 썼습니다. 마찬가지로 오늘날의 모든 설교자는 이와 동일한 거룩을 모토로 삼아 그리스도의 사명을 감당해야 합니다. 그리스도인들의 사역이 그 특성에 있어서나 목표에 있어서 대제사장의 거룩에 뒤쳐진다면 이는 부끄러운 일일 것입니다. 훌륭한 선교사였던 조나단 에드워즈는 "나는 그리스도를 닮아 날마다 거룩해지기 위해 모든 노력을 기울였다. 내가 소망하는 천국은 거룩한 천국이다"라고 말했습니다.

복음을 드러내는 삶

그리스도의 복음은 세상의 흐름을 따라 움직이지 않습니다. 복음은 그 자체로는 스스로를 드러낼 힘이 없습니다. 복음은 복음을 맡은 자가 움직일 때에만 움직입니다. 그러므로 설교자는 복음을 드러내는 삶을 살아야 합니다. 복음에 담긴 하나님의 거룩한 특성이 설교자의 삶에서 체화되어야 합니다. 즉 설교자는 모든 것을 사로잡을 사랑이 있어 그 사랑을 자기를 돌아보지 않는 특별하고도 강권적인 능력으로 드러내야 합니다. 설교자의 심장과 피와 뼈 마디마디에 자기를 부인하는 힘이 녹아 있어야 합니다. 설교자는 늘 사람들과 함께하며 겸손으로 옷 입어야 하고 온유함 가운데 거하며, 뱀 같이 지혜롭되 비둘기 같이 순결해야 합니다. 설교자는 왕의 기백을 가진 종으로 섬겨야 하며 어린아이의 단순함과 사랑스러움을 함께 지녀야 합니다.

설교자는 사람을 구원하는 일에 자신을 내던질 수 있어야 합니다. 그리고 그 일은 철저히 자기를 비우는 믿음과 자기를 불태우는 열정으로만 가능합니다. 사람들을 붙잡아 하나님의 세대로 빚는 설교자는 마음이 뜨겁고 헌신적이며 긍휼을 품을 줄 알고 두려움을 이겨내는 순교자가 되어야 합니다. 만일 설교자라고

하면서도, 시류에 편승하고 자리를 보전하는 데만 급급하며 사람을 기쁘게 하든지 아니면 두려워하는 자로 머문다면 어떻게 되겠습니까? 만일 설교자라고 하면서도 하나님과 그분의 말씀을 향한 믿음이 유약하다면 어떻게 되겠습니까? 그리고 만일 설교자라고 하면서도, 자기를 부인하던 태도가 자기 욕심이나 세상의 유혹에 무너지고 만다면 어떻게 되겠습니까? 그들은 교회를 붙들어 세울 수도 없을 뿐만 아니라 하나님을 위해 세상을 구할 수도 없게 될 것입니다.

성공의 척도

설교자의 가장 날카롭고도 강력한 설교는 바로 그 자신이어야 합니다. 설교자의 가장 고되고 복잡하며 수고를 요하는 철저한 작업은 바로 그 자신을 다듬는 일이어야 합니다. 그리스도에게도 열두 제자를 훈련시키는 일이 가장 중대하면서도 어렵고 인내를 요구하는 사역이었습니다. 설교자는 설교를 만드는 사람이 아니라 사람을 세우며 성도를 빚는 자입니다. 그리고 자신을 사람으

로 빚고 성도로 세우는 설교자야말로 성공한 설교자라 부를 수 있습니다. 하나님께서도 위대한 재주꾼이나 위대한 학식가 또는 위대한 설교자가 필요하신 것이 아닙니다. 그분은 거룩하고 믿음과 사랑과 순결함에 있어 위대한 사람, 하나님을 찾는 데 있어 위대한 사람이 필요하실 뿐입니다. 그분이 찾으시는 설교자는 강단에서 거룩한 설교를 날마다 전할 뿐 아니라 전하는 그대로 거룩한 삶을 사는 사람입니다. 이런 설교자만이 하나님을 위해 위대한 세대를 세울 수 있습니다.

최초의 그리스도인들도 이런 원리에 따라 세워졌습니다. 그들은 견고한 삶을 바탕으로, 하늘에 속한 설교자로 거듭났습니다. 영웅적이며, 건강할 뿐 아니라 용맹스럽고 성결했습니다. 그들에게 설교라는 사역은 자기를 부인하는 작업이요, 자기를 십자가에 못 박는 수고이며, 심각하고도 고생스러운 순교 사역이었습니다. 그들은 설교를 통하여 스스로를 돌아보았을 뿐만 아니라, 이를 통해 다음 세대에 영향을 미치고 나아가 아직 태어나지 않은 하나님의 세대를 잉태하였습니다. 따라서 설교자는 곧 기도하는 사람이어야 합니다. 기도는 설교자의 가장 강력한 무기입니다. 기도 그 자체로 최강의 능력을 불러오지만, 기도는 또한 모든 것에 생명과 힘을 불어넣습니다.

기도의 골방

참된 설교는 기도의 골방에서 만들어집니다. 하나님의 사람도 기도의 골방에서 태어납니다. 그의 생명과 그의 가장 깊은 확신도 하나님과의 은밀한 교제에서 탄생합니다. 그의 가장 버겁고도 눈물에 찬 몸부림, 그의 가장 무게 있고도 달콤한 메시지는 하나님과 홀로 있을 때 만들어집니다. 기도가 사람을 만듭니다. 기도가 설교자를 빚습니다. 기도가 목회자를 세웁니다.

우리 시대의 강단은 기도가 미약합니다. 많은 학식을 쌓았다는 자신감으로 인해 겸손하게 기도에 매달리지 못합니다. 강단에서, 기도는 껍데기로만 남을 때가 너무 빈번해졌습니다. 형식적인 예배의 한 순서에 지나지 않는 것이 되어버렸습니다. 우리 시대의 강단에서 기도는 바울의 삶과 사역 때처럼 강력한 힘을 갖지 못하게 되었습니다. 자신의 삶과 사역에서 기도를 강력한 동력으로 삼지 못하는 모든 설교자는 하나님의 사역에서 무기력하며, 세상을 향한 하나님의 마음을 전하는 데도 실패하고 말 것입니다.

CHAPTER 2
우리의 자격은 하나님에게서만 나옵니다

감당할 수 없는 의무

가장 달콤한 은혜도 조금만 왜곡하면 가장 쓴 열매를 맺을 수 있습니다. 생명을 주는 태양도 일사병으로 목숨을 빼앗을 수 있습니다. 마찬가지로 설교는 생명을 주지만 또한 생명을 빼앗을 수 있습니다. 설교자가 그 열쇠를 쥐고 있습니다. 그는 잠글 수도 풀 수도 있습니다. 설교는 영적 생명을 심고 가꾸기 위한 하나님의 위대한 수단입니다. 설교가 바르게 선포될 때, 그로부터 헤아릴 수 없는 유익이 따릅니다. 그러나 설교가 잘못 선포될 때, 그로부터 비롯되는 결과는 그 어떤 악보다 더 큽니다.

목자로 하여금 한눈을 팔게 만들거나 푸른 초장을 파괴해 버리면 양떼를 흩어버리는 것은 식은 죽 먹기입니다. 파수꾼이 졸

거나 먹고 마시는 음식에 독을 타면 요새를 함락시키는 것도 아주 쉽습니다. 여기 은혜로 말미암아 엄청난 특권을 떠안은 설교자가 있습니다. 온갖 악한 것들에 쉽게 노출되고 막중한 책임들로 어깨가 무거운 이들입니다. 그런데 명성으로나 특성으로나 비방꾼이 분명한 악마가 설교자와 그의 설교를 오염시키는 데 자신의 힘을 사용하지 않는다면 웃을 일이 아니겠습니까? 그러므로 이 모든 일을 겪었던 바울이 "누가 이것을 감당하리요?"(고후 2:16)라고, 사역자의 막중한 임무에 대해 탄식조의 물음을 던진 것은 지극히 당연한 반응입니다.

바울은 말했습니다.

> 우리는, 이런 일을 할 수 있는 자격이 우리에게서 나왔다고는 생각하지 않습니다. 우리의 자격은 오직 하나님께로부터 나옵니다. 하나님께서 우리에게 새 언약의 일꾼이 되는 자격을 주셨습니다. 이 새 언약은 문자로 된 것이 아니라 영으로 된 것입니다. 문자는 사람을 죽이지만, 영은 사람을 살립니다(고후 3:5-6, 표준새번역).

참된 사역은 하나님이 손대시고, 하나님이 가능케 하시며, 하나님이 만드셔야 합니다. 하나님의 성령이 기름 부으시는 능력으로 설교자에게 임하셔야 합니다. 성령의 열매가 설교자의 심장에 있어야 합니다. 하나님의 성령이 임하시면 설교자와 그 말씀이 생명력을 얻습니다. 이런 설교자의 설교는 샘물처럼 솟아나는 생명, 부활처럼 다시 살아나는 생명, 여름의 햇살처럼 뜨거운 생명, 열매 맺는 가을처럼 풍성한 생명을 줍니다. 그런 생명을 주는 설교자는 끊임없이 하나님을 추구하는 심령을 소유한, 하나님의 사람입니다. 그의 시선은 오직 하나님에게만 향해 있습니다. 하나님의 성령의 능력으로 말미암아 그의 육체는 세상에 대해 못 박혀 버리고, 사역은 너그러이 흘러가는 생명수의 강물과도 같습니다.

영혼을 죽이는 설교

반면 죽이는 설교는 신령하지 못한 설교입니다. 그런 설교의 능력은 하나님에게서 나오지 않습니다. 하나님이 아닌 천박한 근원에서 힘과 동력을 얻습니다. 죽이는 설교를 내뱉는 설교자에게서는 성령님이 보이지 않습니다. 죽이는 설교를 통해 많은 힘이 분출되긴 하지만, 그것들은 모두 영적인 능력과 관계가 없습니다. 영적인 능력을 닮았을 수 있지만 단지 그림자에 불과하며, 모조품에 지나지 않습니다. 죽이는 설교는 생명을 주는 듯하나, 그 생명 또한 거짓입니다. 죽이는 설교는 문자에 지나지 않습니다. 보기 좋고 듣기는 좋아도 문자에 불과합니다. 메마르고

참된 사역은 하나님이 손대시고,

하나님이 가능케 하시며,

하나님이 만드셔야 합니다.

조악한 문자이며, 속이 텅 빈 불모의 껍데기입니다. 그 안에 생명의 씨앗이 들어 있을 수 있으나, 결코 발아하여 숨을 틔우는 법이 없습니다. 척박하고 단단한 겨울 땅에 심겨 언제나 차가운 냉기에 쓸리는 씨앗과 같습니다. 그러니 녹을 일도, 발아할 일도 없겠지요.

이와 같은 의문(儀文)의 설교도 때로는 진리를 담고 있습니다. 그러나 그것이 신령한 진리라 하더라도 생명을 주는 능력만은 갖고 있지 못합니다. 생명력은 오직 성령님이 주시는 것으로 하나님의 모든 능력들 이면에는 성령님이 계시기 때문입니다. 하나님의 성령에 의해 발현한 진리가 아니고서는 죽은 것과 다르지 않으며 오류나 마찬가지입니다. 아무리 진리라 해도 성령님이 함께하지 않으시면 그것이 가닿는 곳마다 죽음만 있을 뿐입니다. 그것은 어둠의 빛입니다. 의문의 설교는 기름부음이 없으며, 성령님의 향기도 없습니다.

의문의 설교도 눈물을 자아냅니다. 그러나 그 눈물은 하나님을 움직이지 못합니다. 그 눈물은 내용이 없고 거짓으로 꾸며 밖으로 드러난 것에 지나지 않기 때문입니다. 의문의 설교에도 감흥과 뜨거움이 있습니다. 그러나 그것은 연기자의 감정이요 변호사의 열심과 다르지 않습니다. 설교자는 스스로에게 불꽃을 튀게 하여 감동적일 수 있고, 자신만의 독특한 주해로 달변이 될 수 있으며, 명석한 두뇌의 소산물을 전함으로 열렬할 수 있으나, 자신의 어휘로 만든 메시지이기에 생명력도 열매도 없습니다. 교수들도 사도들의 뜨거움을 모방할 수 있으며, 두뇌와 신경체계는 하나님의 성령의 역사를 가장할 수 있습니다. 이러한 힘을 동원한 의문의 설교는 스스로 빛을 내는 듯 번쩍일 수 있습니다. 그러나 그런 광채들마저도 마당에 내던져진 진주들처럼 쓸모가 없습니다. 설교자가 사용하는 어휘, 설교자가 풀어놓는 강해, 설교자의 모든 행동과 수단들 뒤에 생명이 없는 죽음이 자리하고 있기 때문입니다.

오직 십자가에 못 박힘으로

설교자의 가장 큰 장애물은 설교자 자신입니다. 그는 자기 안에서 생명을 창조하는 전능한 힘을 만들어낼 수 없습니다. 설교자의 정통성, 정직함, 청렴함 또는 뜨거움만으로는 부족하며, 오직 하나님께 나아가 복종하는 은밀한 기도처를 간직한 사람만이 생명을 주는 설교자가 될 수 있습니다. 설교자의 내적인 삶만으로는 하나님의 능력과 메시지를 전하는 변화의 대로가 될 수 없습니다.

어떤 사람은 지극히 거룩한 곳에서조차 하나님이 아닌 자신이 다스립니다. 자신도 모르게 어디선가 영적인 방해물이 그의 내면에 들어와 하나님의 능력의 통로가 막혀버립니다. 그는 영적인 고갈을 느끼지 못할 뿐더러 자신이 철저히 무기력하다는 사실도 깨닫지 못합니다. 그는 하나님의 능력이 뜨거운 불길로 임하셔서, 비어 있던 내면을 채우고 순결케 하며 다시 능력으로 덧입히기까지, 자신의 무기력함과 절망스러움을 인하여 하염없이 울부짖는 법을 배우지 못할 것입니다. 자신에 대한 절망 대신 자기 존경(또는 자기 능력)으로 채워진 설교자는 하나님을 위해 성결해야 할 성전을 오염시키고 파괴할 뿐입니다.

생명을 주는 설교는 설교자에게 크나큰 대가를 요구합니다. 자기를 죽이며 세상에 대하여 못 박히고 심령은 큰 진통을 겪어야 합니다. 오직 십자가에 못 박힘을 겪은 설교만이 생명을 줄 수 있습니다. 십자가에 못 박힘을 겪은 설교는 오직 십자가에 못 박힌 사람에게서 나올 수 있습니다.

CHAPTER 3
참된 기도가 없으면 죽음을 낳습니다

껍데기뿐인 설교

 죽이는 설교도 정통적일 수 있습니다. 실제로 종종 그렇습니다. 그 설교는 교리적으로도 흠잡을 데가 없습니다. 우리는 '정통'을 사랑합니다. '정통'은 좋은 것을 넘어 최고의 가치를 갖습니다. 그것은 하나님의 말씀을 명쾌하고 선명하게 전합니다. 그것은 오류와 싸운 진리가 승리의 대가로 얻은 전리품입니다. 그것은 잘못된 확신이나 불신이 홍수처럼 밀려와 파괴를 일삼을 때 신앙이 이에 맞서 쌓아놓은 방파제입니다. 그러나 수정처럼 깨끗하고 단단하며, 매사에 신중하고 단호한 정통이라 해도 죽이는 문자에 불과할 수 있습니다. 겉으로는 대단하고 멋진 이름을 달고 있으며 식견마저 높다한들 죽이는 문자에 지나지 않을 수 있습니다. 정통 중의 정통이면서도 어느 것에 비할 수 없을 만큼 철저히 죽어 있을 수 있습니다. 어떠한 사색도, 어떠한 연구도, 어떠한 기도도 하지 못할 만큼 철저히 죽어 있을 수 있다는 말입니다.

죽이는 설교도 통찰력이 있으며 원리를 움켜쥐고 있을 수 있습니다. 그것은 학구적이고 비평적으로도 뛰어날 수 있습니다. 문법적으로나 다양한 변형들에 관해서도 사소한 것까지 놓치지 않을 만큼 언변에 유창할 수 있습니다. 플라톤과 키케로에 버금할 정도로 완벽한 미사여구를 동원할 수 있습니다. 변호사가 소송 변론을 위해 전문서적을 탐독하듯 문자를 깊이 연구할 수 있습니다. 그럼에도 불구하고 그 설교는 차가운 서릿발처럼 죽일 수 있습니다. 의문의 설교는 유창하며 시와 웅변처럼 아름다우며, 기도로 젖어 있고 감동이 스며 있으며 천재적으로 빛을 발할 수 있습니다. 그러나 이것들조차 단지 시체 넣는 관에 덧씌우는, 희귀하고 아름다운 꽃으로 장식된 포장에 불과할 수 있습니다.

반면 죽이는 설교는 학문성이 없을 수도 있습니다. 그것은 신선한 사고나 감각은 떨어진 채 무미(無味)한 평범함 내지는 무덤덤한 특징으로만 옷을 입고 있는 수도 있습니다. 그런 설교는 정돈되지 못하고 골방에서의 탐구의 냄새도 나지 않으며, 어떠한 사색이나 감성이나 기도도 엿보이지 않기도 합니다. 그와 같은

의문의 설교는 실체가 아니라
겉면과 그림자만 다룰 뿐입니다.
심층부를 꿰뚫지 못합니다.
그런 설교는 하나님의 말씀 안에 감추어진 생명을
통찰력 있게 들여다보지도, 강력하게 담아내지도 못합니다.

설교가 초래하는 영적 황폐함은 얼마나 광범위하고 처절한지요! 그로 인한 영적 죽음은 얼마나 심각한지요!

이런 의문의 설교는 실체가 아니라 겉면과 그림자만 다룰 뿐입니다. 심층부를 꿰뚫지 못합니다. 그런 설교는 하나님의 말씀 안에 감추어진 생명을 통찰력 있게 들여다보지도, 강력하게 담아내지도 못합니다. 외연(外延)으로는 진실할 수 있습니다. 그러나 그 외연은 고갱이를 얻기 위해 부서지고 깨져야 할 껍데기에 지나지 않습니다. 이러한 의문의 설교는 얼핏 매력적이고 첨단의 유행을 담고 있을 수 있습니다. 그러나 그 매력 또한 하나님을 향하고 있지 않을 뿐 아니라 천국의 모습을 담고 있지도 못합니다.

하나님을 경험하지 못한 설교자

그 실패의 원인은 설교자에게 있습니다. 하나님이 그를 그렇게 만드신 게 아닙니다. 그 설교자는 토기장이의 손에 진흙이 들리듯 하나님의 손에 들려 있던 적이 한 번도 없는 자입니다. 그는 설교를 구상하고 윤곽을 그리고 감흥을 덧입히고 마무리하는 등, 설교를 준비하느라 여념이 없습니다. 그러나 정작 하나님의 심오한 것들을 찾고 연구하고 헤아리고 경험한 적은 없습니다. 그는 "높이 들린 보좌"(사 6:1) 앞에 서본 적이 결코 없습니다.

그는 천사들의 노랫소리를 들은 적도 환상을 목격한 적도 없으며, 하나님의 거룩함을 두렵고 떨림으로 느껴본 적도 없습니다. 자신이 무력하며 죄만 가득할 뿐이라는 철저한 자기 포기와 절망 가운데 소리 높여 울어본 적도 없습니다. 그는 하나님의 제단에서 나오는 숯불의 열기에 삶이 새로워지는 것도 마음이 감동되거나 깨끗케 되는 것도 경험한 적이 없습니다.

그가 이끄는 사역은 사람들을 자기에게로, 교회로, 그리고 공식 예배 가운데로 이끌기도 합니다. 그러나 감미롭고 거룩하며 성결한 교제가 있는 하나님과의 친밀함으로 이끌지는 못합니다. 교회를 멋지게 꾸밀 수는 있으나 깨우치게 하지는 못합니다. 즐거움을 줄 수는 있으나 성결케 하지는 못합니다. 생명은 짓눌립니다. 우리 하나님의 도성은 죽은 자들의 도성이 되고 맙니다. 전투태세를 갖춘 군대가 아니라 묘지 같은 교회로 만듭니다. 찬양과 기도는 끊어지고 예배는 죽어 버립니다. 설교자와 그의 설교는 거룩케 하기보다 죄 짓는 일을 도울 뿐입니다. 천국이 아니라 지옥을 만들어 버립니다.

하나님께 드려지는 기도

죽이는 설교는 기도가 빠진 설교입니다. 기도가 없이는, 설교자는 생명이 아닌 죽음을 낳습니다. 기도에 약한 설교자는 생명을 주는 능력이 미미합니다. 기도를 뚜렷한 특징으로 보여주지 못하는 설교자는 자신의 설교에서 본질이라 할 수 있는 생명력을 잃어버린 자입니다. 기술적이며 직업적인 기도는 가능할지 모릅니다. 그러나 그런 기도는 설교가 사망의 일을 하도록 도울 뿐입니다. 직업적인 기도는 설교와 기도 모두를 싸늘하게 만들고 죽입니다.

회중들이 기도에 무심하고 나태하며 불경한 태도를 갖는다면 그것은 강단에서 설교자의 기도가 직업적으로 행해지기 때문입니다. 강단에서 드려지는 많은 설교자들의 기도는 길고 산만하고 건조하며 알맹이가 없습니다. 기름부으심도 없으며 뜨거운 가슴도 없기에, 그 기도는 예배의 모든 은혜를 앗아가는 차가운 서릿발과 같습니다. 죽음을 초래하는 기도란 바로 그런 기도입니다. 그런 기도의 숨결이 닿을 때 모든 경건의 흔적들은 소멸하고 맙니다. 죽이는 기도일수록 더 길어지는 법입니다.

간결한 기도, 살아 있는 기도, 진실한 마음을 담은 기도, 성령에 이끌리는 기도, 그런 기도는 직접적이며 구체적이고 간절하며 단순하고 기름부으심이 있습니다. 바로 그런 기도가 필요합니다. 하나님이 기뻐하시는 기도를 설교자에게 가르치는 학교가 있다면 그것은 신학을 가르치는 다른 어떤 학교보다 참된 경건과 진실한 예배와 진실한 설교를 가르치기에 유익할 것입니다.

멈추십시오. 잠시 기다리십시오. 자신을 돌아보십시오. 지금 우리는 어디에 있습니까? 우리는 무엇을 행하고 있습니까? 죽이는 설교를 행하고 있습니까? 죽이는 기도를 하고 있습니까?

　하나님께 드려지는 기도가 필요합니다. 그분은 위대한 하나님, 온 세상의 창조자, 모든 인류의 심판자 되십니다. 참된 경건과 참된 단순함과 참된 신실함과 진리가 우리의 기도에 절실합니다. 우리는 그런 진짜 기도가 필요합니다. 뜨거운 가슴을 담아 드리는 기도가 있어야 합니다. 하나님께 드려지는 기도는 가장 숭고한 행위이며, 인간에게 가능한 최고의 수고이며, 가장 실제적인 행위입니다. 우리는 저주받은 설교를 버려야 합니다. 죽이는 기도를 깨끗이 없애야 합니다. 생명을 주는 설교는 하늘과 땅에서 가장 강력한 힘을 발휘합니다. 그런 설교는 궁핍하고 간절한 사람들에게 하나님의 무궁한 보화를 가져다 줄 것입니다.

멈추십시오. 잠시 기다리십시오. 자신을 돌아보십시오.
지금 우리는 어디에 있습니까? 우리는 무엇을 행하고 있습니까?
죽이는 설교를 행하고 있습니까? 죽이는 기도를 하고 있습니까?

CHAPTER 4
피해야 할 기도의 위험들

극단으로 치우친 기도

사역에는 두 가지 극단적인 경향이 있습니다. 하나는 사람들과의 교제를 철저히 단절한 채 자신에게만 집중하는 것입니다. 수도사와 은둔자가 이를 잘 보여주는 예입니다. 그들은 하나님과 보다 가까이하기 위해 사람들로부터 자신을 단절시킵니다. 물론 그들은 실패했습니다. 우리가 하나님과 아무리 친밀한 교제를 나눈다 해도 그로부터 얻어지는 유익을 사람들에게 베풀지 않으면 아무 의미가 없기 때문입니다.

그리스도인 지도자들 가운데 연구를 빌미로 스스로를 단절시키는 경우가 자주 있습니다. 그들은 학생이 되고, 책벌레가 되고, 성경 전문가가 되고, 유능한 설교자가 됩니다. 그들의 작품과 사상과 설교는 이름을 얻습니다. 그러나 그 안에 사람들과 하나님은 포함되지 않습니다. 그들의 마음에도, 그들의 머리에도 하나님과 사람들은 들어 있지 않습니다. 위대한 사상가로 이름을 높인 설교자가 있다면 그들은 위대한 기도자가 되어야 합니다. 위대한 연구가로 이름을 높인 설교자가 있다면 그들 역시 위대한 기도자가 되어야 합니다. 그렇지 않다면, 그들은 위대한 배교자, 무심한 전문가, 차가운 합리주의자는 될 수 있어도 하나님이 보시기에 가장 보잘것없는 설교자로 남을 것입니다.

사역에서 극단을 이루는 또 한 가지 경우는 철저히 대중에 영합하는 것입니다. 그것은 더 이상 하나님의 사역이 아닙니다. 사업상의 사역이며 사람을 상대하는 사역일 뿐입니다. 그런 목회자는 자신의 사명이 사람들을 상대하는 것이므로 더 이상 기도하지 않습니다. 사람들을 감동시키고 종교적으로 커다란 반향을 불러일으키며 교회 안에서 관심을 끌 수 있다면 그것으로 만족하고 말 것입니다. 그와 하나님과의 개인적인 관계는 사역에서 영향을 미치는 어떠한 요소도 되지 못합니다. 그의 일정에서 기도는 고려 사항이 아닙니다. 그렇기에 그런 식의 사역에서 빚어지는 재앙과 폐해는 세상의 계산법으로는 산출할 수 없습니다. 설교자가 하나님 앞에서 어떤 기도자가 되느냐 하는 것은 그가 사람들에게 유익을 주고, 진실한 열매를 맺으며, 하나님께 신실한 자가 되는 일에 얼마나 큰 능력을 갖느냐 하는 문제에 결정적인 열쇠가 됩니다. 이것은 영원토록 변함없는 진리입니다.

설교자는 많은 시간 지속적으로 기도하지 않고서는 하나님이 허락하신 거룩한 사명과 자신의 영을 조화시킬 수 없습니다. 의무감으로 자신의 일에 열심을 다하며 기복 없이 사역을 감당할 때 부르심에 합당한 사람으로 균형 있게 살아갈 수 있으리라고 생각한다면 그것은 대단한 착각입니다. 기도를 게을리 한다면 설교를 작성하는 일조차(그것을 의무감으로 하든, 업무로 하든,

작품 활동으로 하든, 즐거운 일로 하든) 하나님으로부터 마음이 멀어지게 하고 강퍅하게 만듭니다. 과학자들은 자연 속에서 하나님을 잃어버립니다. 설교자는 아마도 설교 속에서 하나님을 잃어버릴 것입니다.

기도가 가져오는 변화

기도는 설교자의 마음을 새롭게 합니다. 하나님과 화음을 맞추게 하며 사람들과 조화를 이루게 합니다. 기도는 설교자의 사역이 냉랭한 직업주의에서 벗어나게 하며, 따분한 일상에서 활력을 얻게 하고, 거룩한 기름부음의 능력으로 모든 영역에서 생명력을 줍니다.

찰스 스펄전은 이렇게 말했습니다.

> 설교자가 다른 이들보다 뛰어난 기도의 사람이 되어야 하는 것은 마땅하다. 그가 보통의 그리스도인처럼 기도한다면 위선자에 지나지 않는다. 그가 보통의 그리스도인들보다 더 기도하지 않는다면 설교자의 직분을 맡을 자격이 없는 사람이다. 우리가 사역자라고 하면서 기도자가 되지 않는다면 참으로 불쌍한 사람이다. 거룩한 소명에 합당치 못한 사람이 된다면, 우리뿐만 아니라 우리가 담당해야 할 사람들까지 비참한 처지가 된다. 곧 수치스럽

고 황당한 날을 맞게 될 것이다. 우리가 쌓은 모든 학문과 연구 업적은 우리가 채운 기도의 골방에 비하면 공허한 것에 불과하다. 우리가 금식하고 기도하며 보낸 계절들은 참으로 고귀한 시간으로 자리매김할 것이며 천국의 문은 활짝 열려 있을 것이다. 우리의 마음 또한 하나님의 영광에 가까이 있게 될 것이다.

맛을 내기 위해 향을 첨가하는 정도의 미약한 기도로는 우리의 사역을 기도로 가득하게 만들지 못합니다. 기도는 우리 사역의 몸통이어야 하고 골격과 피와 뼈가 되어야 합니다. 기도는 한 구석에 치워놓아도 괜찮은 허섭스레기가 아닙니다. 기도는 분주한 사업과 일상에서 잠깐씩 짬을 내어 급하게 해치우는 소소한 것이 아닙니다. 우리가 사용하는 시간의 가장 좋은 것, 우리가 들이는 수고의 고갱이를 기도하는 데 내놓아야 합니다. 우리의 기도는 말씀 연구를 위해 뒤로 밀리거나 사역과 관련된 의무적인 활동을 위해 양보되어서는 안 됩니다. 기도는 우리의 가장 첫 번째 할 일이며, 연구와 사역은 그 다음입니다. 이 우

선순위가 확보될 때, 우리의 연구와 사역관련 활동은 기도로 인해 새로워지며 능력을 얻게 될 것입니다.

삶으로 연결되는 기도

누군가의 사역에 영향을 미치는 기도라면 당연히 누군가의 삶에도 그러할 것입니다. 잠깐씩 벌이는 즐거운 놀이처럼 행하는 기도는 우리의 성품을 빚고 인격을 형성하지 못합니다. 그리스도가 "심한 통곡과 눈물"(히 5:7)로 기도하셨던 것처럼, 우리 마음과 삶의 중심부에서 흘러나오는 기도가 우리 삶에 영향을 미칩니다. 그러한 기도는 바울이 경험했던 것처럼, 우리의 심령이 크게 근심하게 하는 기도입니다. 그러한 기도는 야고보의 "역사하는 힘이 많은"(약 5:16) 기도처럼 무언가가 일어나게 하는 불이자 힘과 같습니다. 그러한 기도는 금향로에 넣어 하나님 앞에서 향을 피울 때처럼, 강력히 역사하며 영적 싸움과 변혁을 일으키는 특징이 있습니다.

기도는 우리가 어린 시절 어머니 치마폭을 잡고 따라다니다가 익히게 된 습관과 다릅니다. 저녁 식사 자리에서 잠시 나누는 덕담과도 같지 않습니다. 기도는 우리 삶에서 가장 중요한 시기에 행하는 가장 중요한 작업입니다. 기도는 기나긴 저녁 만찬이나 풍성한 연회보다 더 긴 시간과 갈망을 쏟아 부어야 하는 일입니다. 설교를 많이 해야 할수록 더 많은 기도를 해야 합니다. 우리가 어떤 기도를 하느냐에 따라 우리가 어떤 설교를 하느냐가 결정됩니다. 가벼운 기도는 가벼운 설교를 낳습니다. 능력 있는 기도는 강력하고 치유하는 설교를 가능하게 합니다. 사람들에게 유익을 주는 모든 사역마다 기도는 항상 가장 중요한 자리를 차지하고 있습니다.

설교자는 무엇보다 기도하는 사람이 되어야 합니다. 기도를 제대로 할 줄 알아야 그 마음으로 설교를 할 수 있습니다. 기도에서 실패한다면 다른 어떤 배움으로도 그것을 메울 수 없습니다. 어떠한 열심, 부지런함, 배움 그리고 은사일지라도 기도를 대신할 수 없습니다.

하나님을 위해 사람들에게 말씀을 전하는 일도 위대한 일입니다만, 사람들을 위해 하나님께 말씀드리는 일은 더욱 위대한 일입니다. 하나님께 사람들에 대해 말씀드리는 법을 배우지 못한 사람은 사람들에게 하나님에 대해 말씀을 전하는 일도 잘할 수 없습니다. 하물며 강단에 섰을 때나 강단을 떠나서나, 기도가 빠진 언어는 한낱 죽이는 말에 불과합니다.

CHAPTER 5
기도는 모든 것의 핵심입니다

부차적인 기도는 없다

설교자의 삶과 연구와 강단에서 기도는 뚜렷하게 드러날 뿐 아니라 모든 일에 편만하게 스며있는 능력이자, 모든 것을 물들이는 요소가 되어야 합니다. 기도는 부차적인 것이 되어서는 안 됩니다. 다른 것의 들러리가 되어서도 안 됩니다. 설교자는 "밤이 새도록 기도"(눅 6:12)하면서 주님과 함께하는 자로 부르심을 입습니다. 설교자는 자기를 부인하는 기도를 통해 스스로를 훈련시킴으로, "새벽 오히려 미명에 일어나 나가 한적한 곳으로 가사 거기서 기도하신"(막 1:35) 주님을 바라보아야 합니다.

설교자의 연구실은 골방, 벧엘, 제단, 환상, 사다리가 되어야 하며, 그것을 통해 그의 모든 생각이 하늘로 올라간 다음 다시 인간에게로 내려와야 합니다. 마찬가지로 설교의 모든 부분은, 하나님께서 설교자의 연구실에 함께하시는 까닭에, 천국의 향기를 발해야 합니다.

증기기관은 불이 붙기 전에는 결코 움직이지 않듯이, 설교는 기도가 불붙어 증기를 만들어내기 전까지는, 제아무리 잘 짜여 있고 완벽하고 윤기가 흐른다 해도, 영적으로 죽어 있는 상태에 머물러 있을 것입니다. 설교 안에, 설교를 통하여, 설교 이면에 기도의 힘찬 맥박이 뛰지 않는다면, 그 설교가 제아무리 잘 짜여 있고 정교하고 힘이 느껴진다 해도 허섭스레기에 지나지 않습니다. 설교자는 기도를 통하여 자신의 설교 안에 하나님을 모셔들여야 합니다. 설교자는 자신의 말로 사람들이 하나님께 나아가도록 하기 전에, 먼저 기도를 통하여 하나님이 사람들에게 나아오시도록 해야 합니다. 설교자는 사람들에게 다가가기 전에 먼저 하나님께 다가갈 준비가 되어 있어야 합니다. 설교자가 하나님께 나아갈 수 있다면 그는 언제든 사람들에게로 나아갈 확실한 보장을 얻는 것이 됩니다.

늘상 해오던 일이라 습관처럼 또는 직업적으로 기도를 해버린다면, 그런 기도는 죽은 것이요 부패한 것이라는 사실을 반복해서 되새겨야 합니다. 그와 같은 기도는 우리가 지금 말하려는 기도와 아무 관계가 없습니다. 우리가 말하는 참된 기도는 설교자와 그의 삶 전부에 불을 붙여줍니다. 우리가 강조하는 기도는 성령 충만 가운데 그리스도와 하나가 될 때 가능한 기도이며, 깊고 풍성한 그분의 자비로운 긍휼의 샘물로부터 솟아나는 기도입니다.

우리가 찾는 기도는 인간의 영원한 복을 갈망하는 쉼 없는 열정으로 이루어진 기도이며, 하나님의 영광을 구하는 통절한 뜨거움으로 이루어진 기도입니다. 설교자는 자신의 임무가 얼마나 힘들고 어려운지 알아 하나님의 전능하신 도움이 절실하다는 사실을 가슴 깊이 깨달아야 합니다. 이러한 숭고하고 심오한 확신을 바탕으로 올려드리는 기도야말로 유일하고 참된 기도입니다. 이와 같은 기도가 뒷받침되는 설교야말로 인간의 마음 밭에 영생의 씨앗을 뿌리고 사람들로 하여금 천국을 향해 자라가도록 하는 유일한 설교입니다.

기도가 부족하거나 아예 없더라도 인기 있는 설교, 유쾌한 설교, 마음을 사로잡는 설교, 명철한 설교가 가능합니다. 그러나 하나님의 목적을 이루는 설교가 되려면 설교의 첫 개념을 잡을 때부터 실제로 청중에게 전달될 때까지 오롯이 기도에서 비롯되어야 합니다. 기도의 힘과 영을 빌어 전달되어야 하며, 설교를 듣고 오랜 시간이 지나도 설교자의 기도 때문에 청중의 마음속에 계속 머물러 싹을 틔우고 생명력을 발휘해야 합니다.

기도를 게을리하는 것

우리는 우리의 설교가 영적으로 메마른 것에 대해 많은 변명을 할 수 있습니다. 그러나 그것의 참된 이유는 하나님께서 성령님의 능력으로 임재하시도록 간구하는 기도가 결여되었기 때문입니다. 대단한 설교를 행할 수 있는 설교자는 많습니다. 그러나 그 영향력은 오래가지 못합니다. 그런 설교는 하나님과 사탄, 천국과 지옥 사이에서 벌어지는 가공할 영적 전쟁터에서 전혀 영향을 미치지 못합니다. 그런 설교는 기도에 의해 강력한 무장을 하지 않았기 때문에 영적 승리를 가져다 줄 수 없습니다.

하나님을 위해 엄청난 결과를 낳는 설교자는 사람들에게 호소하기에 앞서 먼저 하나님 앞에서 간절히 호소하는 사람입니다. 골방에서 하나님과 함께하며 강력한 힘을 키운 설교자가 강단에서 사람들에게 강력한 힘을 발휘하는 법입니다.

설교자도 인간이기에 종종 인간적인 감정이나 문젯거리들에 부딪히고 휩쓸리기도 합니다. 기도는 영적인 일입니다. 또한 인간의 본성은 부담스러운 영적인 일을 싫어합니다. 인간의 본성은 잔잔한 바다 위로 실바람을 타고 천국으로 항해하길 원합니다. 기도는 자기를 낮추는 일입니다. 기도는 명철함과 자부심을 꺾어버리고, 허영심을 십자가에 못 박으며, 우리의 영적 파산상태에 경고음을 울립니다. 이 모든 것들이 육신을 가진 우리로서는 견디기 힘든 일입니다. 그 모든 것을 참느니 차라리 기도하지 않는 것이 편합니다. 그러기에 우리는 차라리 기도하지 않는(또는 기도를 게을리하는) 지독한 악을 매번 범하게 됩니다. 기도하지 않는 것과 기도를 게을리하는 것 가운데 어느 것이 더 나쁜 일일까요? 기도를 게을리하는 일입니다. 기도를 게을리하는 것은 기도하는 것처럼 꾸미는 일종의 위선이고, 양심을 속이는 일이며, 어리석은 연극이자 기만이기 때문입니다.

우리가 기도를 게을리하는 모습은 기도에 별 시간을 들이지 않는 것을 보아도 분명히 알 수 있습니다. 보통의 설교자들이 기도에 들이는 시간은 일상의 허드렛일을 위해 시간을 들이는 것과 비교할 때 정말 미미합니다. 어떤 설교자들이 기도하는 시간이라곤 잠을 청하기 전, 잠옷을 입은 채 침대 머리맡에서 하는 기도가 고작입니다. 그것도 이따금씩일 뿐이죠. 그것 말고 어쩌면 아침에 일어나 옷을 입기 전에 잠시 더 기도하는 정도일 것입니다. 성경에 등장하는 경건한 사람들이 기도를 위해 많은 시간과 힘을 들이는 것에 비교한다면 그와 같은 기도는 정말 유약하고 쓸모없으며 부족합니다. 가고 오는 세대에 등장했던 진정한 하나님의 사람들이 보여주었던 기도의 습관과 비교할 때 우리의 기도는 정말 가소롭고 유치하며 형편없기 그지없습니다. 하나님께서는 기도를 자신들의 주된 사역으로 여기고 그 중요도에 걸맞는 시간을 들여 기도에 헌신하는 사람들에게 천국의 열쇠를 맡기십니다. 하나님께서는 이러한 사람들을 통해 이 세상에서 그분의 영적인 기적을 행하십니다. 위대한 기도는 하나님의 위대한 지도자들을 분별하는 표시이자 확인서입니다. 위대한 기도는 세상을 정복하는 가장 뜨거운 힘인 동시에, 하나님께서 그들의 수고에 면류관을 씌워 주실 보증이 될 것입니다.

설교자는 설교의 사명과 더불어 기도의 사명도 받았습니다. 설교자가 그 두 가지를 함께하지 않는다면 그의 사명은 완성되지 않습니다. 설교자가 사람의 방언과 천사의 말을 할지라도 하늘로부터 도움을 구하는 믿음의 기도가 없다면, 그의 설교는 "소리나는 구리와 울리는 꽹과리"(고전 13:1)가 되고 말 것입니다. 기도가 결여된 설교는 영원토록 하나님을 영화롭게 하며 영혼을 살리는 일에 아무 소용이 없게 될 것입니다.

CHAPTER 6
기도가 성공을 부릅니다

참된 성공의 특징

 진정한 성공을 거두는 모든 사역에서 기도는 두드러지고 압도적인 힘으로 작용합니다. 이것은 자명한 영적 원리입니다. 기도는 설교자의 삶에서도 명백하고 주요한 동력이며, 그의 사역이 뿌리 깊은 영성을 품을 수 있는 확실하고 주요한 동력입니다. 기도 없이도 사역은 매우 감동적일 수 있습니다. 기도 없이도 설교자는 인기와 유명세를 얻을 수 있습니다. 설교자의 삶과 사역이라는 거대한 기계는 기도라는 기름 없이 혹은 약간의 윤활유만 있어도 움직일 수 있습니다. 그러나 기도가 명백하고도 주요한 동력이 되지 않고서는 어떠한 사역도 신령한 사역이 될 수 없으며, 설교자와 청중들을 거룩하게 할 수 없습니다.

진실로 말하는데, 기도하는 설교자는 하나님을 그의 사역 안으로 모셔들이는 자입니다. 하나님께서는 모든 설교자의 사역에 당연스레 임하시지 않습니다. 하나님은 설교자가 간절함으로 기도할 때 임하십니다. 우리가 전심으로 하나님을 찾을 때 그분을 만날 수 있다는 사실은 설교자이든 회개하는 사람이든 동일하게 적용되는 진리입니다(렘 29:13을 보십시오). 기도로 가득한 사역만이 설교자로 하여금 사람들을 체휼하게 만듭니다. 기도가 있을 때 우리가 하나님과 연합하듯 사람들과 연합할 수 있습니다. 기도로 충만한 사역만이 설교자로 하여금 숭고한 직무와 책임을 감당할 수 있게 합니다. 학위와 지식과 독서와 신학과 설교가 설교자를 만들지 않습니다. 오직 기도가 설교자를 만듭니다.

사도들이 위임받았던 설교의 사명은 오순절 이후에 기도로 충만해지기 전까지 아무것도 아니었습니다. 기도로 하루를 채우는 사역자는 인기에 연연하지 않으며, 세상적인 시각에서 직업적으로 일하고 강단에서나 만족을 얻으려는 유혹을 넘어선 자입니다. 그는 교회 조직가나

지도자로 이름을 알리겠다는 욕심을 내려놓고 보다 숭고하며 강력한 영의 세계에 들어간 자입니다.

기도로 충만한 설교자에게서 드러나는 열매는 거룩함입니다. 변화된 마음과 삶은 그의 사역의 실체를, 진실성을, 그리고 속성을 찬란하게 드러내줍니다. 하나님도 그와 함께하십니다. 그의 사역은 세상적이고 표면적인 원리 위에 기반을 두거나 세워지지 않습니다. 설교자가 사람들을 위하여 하나님 앞에 나아가 기도로 친밀한 사귐을 갖고, 그 일을 하는 동안 내내 영혼 깊이 번민하며 씨름할 때 그는 하나님으로부터 왕의 면류관을 받아 쓰게 됩니다. 그의 뜨거운 기도 아래서 직업주의의 냉랭함은 오래 전에 녹아내렸습니다.

피상적 결과만 있는 사역과 죽어 있는 사역을 들여다보면 기도의 결여가 원인입니다. 힘 있게 기도하지 않고서는 어떠한 사역도 성공할 수 없습니다. 이같은 기도야말로 원칙이자 끊임이 없어야 하고 점점 더 많아져야 합니다. 설교와 그 본문도 기도의 결과이어야 합니다. 설교를 위한 연구도 기도로 점철되어야 합니다. 설교를 위한 모든 수고도 기도에서 잉태되어야 하며 기도의 영이 지배해야 합니다.

하나님의 택함을 받은 이들이 임종을 앞두고 하는 말이 있습니다. "기도를 너무 적게 해서 아쉽습니다." 그러나 이 말을 설교자가 하게 된다면 그것만큼 슬프고도 후회스러운 말도 없을 것입니다. 캔터베리 대주교였던 아치볼드 캠벨(Archbald Campbell)은 "나는 위대하고 심오하며 진실한 기도자의 삶을 원한다"고 했습니다. 우리 모두 그런 고백을 할 수 있기를 바랍니다. 또한 그렇게 되기를 바랍니다.

위대한 사람들의 위대한 기도

하나님의 참된 설교자들은 하나의 위대한 특징으로 구별될 수 있습니다. 그들이 기도의 사람들이라는 점입니다. 다른 많은 부분에서는 서로 차이가 있을지라도, 이 하나의 특징만은 모두에게 공통되는 점입니다. 그들은 서로 다른 곳에서 출발하여 다른 길을 갈지라도 결국은 한 곳으로 모입니다. 그들 모두 기도의 사람들이라는 사실입니다. 그들에게 하나님은 모든 관심사의 중심이며, 기도는 그 하나님으로 나아가는 유일한 길입니다. 그들에게 기도는 이따금씩 하는 무엇이 아닙니다. 그들에게 기도는 그들 자신이자 성품이기도 합니다. 그들의 기도는 그들의 삶에 영향을 미칠 뿐 아니라 다른 이들의 삶에도 영향을 미칩니다. 그들의 기도는 교회의 역사를 이루며 시대의 흐름을 바꿉니다. 그들이 기도에 많은 시간을 들이는 이유는 시간이 남아서가 아닙니다. 그들에게 기도는 가장 중대할 뿐 아니라 매력적인 일이기에 결코 그만둘 수 없는 것입니다.

그들에게 기도는 바울이 그랬던 것처럼 영혼의 간절한 노력이 담긴 투쟁입니다. 그들에게 기도는 야곱에게 그랬던 것처럼 씨름이자 매달림입니다. 그들에게 기도는 그리스도에게 그랬던 것처럼 격한 울부짖음과 눈물입니다. 그들은 "모든 기도와 간구로 하되 무시로 성령 안에서 기도하고 이를 위하여 깨어 구하기를 항상 힘쓰는"(엡 6:18) 자들입니다. "역사하는 힘이 큰 기도"(약 5:16)는 하나님의 막강한 군사들의 최강의 무기입니다.

사도 야고보가 엘리야를 가리켜 "그는 우리와 성정이 같은 사람이로되 비 오지 않기를 간절히 기도한즉 삼년 육개월 동안 땅에 비가 아니 오고 다시 기도한즉 하늘이 비를 주고 땅이 열매를 내었느니라"(약 5:17-18)고 한 말씀은 하나님을 위해 자기 세대의 영혼들을 맡은 모든 선지자와 설교자들에게 적용되며, 그들이 기적을 행하기 위해 어떤 도구를 사용해야 하는지를 정확히 보여줍니다.

CHAPTER 7
더 많이, 더 깊이 기도해야 합니다

성공하는 기도의 비밀

많은 경우에 우리의 기도는 짧아야 합니다. 공적으로 드리는 기도도 가능한 짧고 간결해야 합니다. 또한 한 단어나 문장으로 드릴 수 있는 즉흥 기도도 필요합니다. 그럴더라도 하나님과 우리의 내밀한 교제에서 우리가 드리는 기도의 가치를 결정하는 핵심 요소는 시간입니다. 말 그대로 '성공하는' 모든 기도의 비밀은 하나님과 얼마나 많은 시간을 보내느냐에 있습니다.

강력한 영향력을 낳는 기도는 하나님과 많은 시간을 보낼 때 직간접으로 얻어지는 결과입니다. 우리의 짧은 기도가 능력있고 제대로 힘을 발휘할 수 있는 이유는 이미 그 전에 길고 오랜 시간에 걸쳐 많은 기도가 드려졌기 때문입니다. 하나님과 끊임없이 오랫동안 힘들게 씨름하며 이겨낸 자가 아니고서는 짧고도 능력있는 기도를 드릴 수 없습니다. 야곱이 얻어낸 믿음의 승리 또한 밤이 새도록 하나님과 벌인 씨름이 없었다면 어떻게 가능할 수 있었겠습니까?

하나님과의 사귐은 갑작스럽게 이루어지지 않습니다. 주님은 어쩌다 한번 황급히 다녀가는 자들에게 은사들을 허락하시지 않습니다. 홀로 하나님과만 오랜 시간을 함께 있는 것, 그것이야말로 그분을 알아가는 열쇠이며 그분을 움직이게 하는 힘입니다. 하나님은 그분이 어떠하심을 아는 끈질긴 믿음에 굴복하십니다. 오랫동안 한결같은 자세로 끈덕지게 바랄 때만 허락되는 은사들을 갈망하고 감사할 줄 아는 자들에게 그분은 가장 풍성한 은사들을 선물해 주십니다.

다른 일에서도 마찬가지겠지만 그리스도는 이 일에 있어서 우리의 모범이 되십니다. 그분은 수많은 밤을 기도로 지새우셨습니다. 가능한 자주 그리고 많이 기도하는 일은 그분의 습관이기도 했습니다. 그분은 기도를 위해 으레 가시는 곳이 있었습니다. 그렇게 오랜 시간 기도하심으로 그분의 삶과 그분의 성품이 형성되었습니다. 바울도 밤과 낮으로 기도했습니다. 다니엘은 다른 중요한 일들을 위한 시간을 줄이면서 하루에 세 차례 기도했습니다. 아침과 낮과 저녁마다 드려진 다윗의 기도는 의심할

다른 일에서도 마찬가지겠지만
그리스도는 기도에 있어서 우리의 모범이 되십니다.

바 없이 길고도 헌신적이었던 경우가 대부분이었습니다. 성경은 이들 성도들이 기도할 때마다 그것에 대한 자세한 내용을 기록하고 있지 않으나, 그들이 기도에 허다한 시간을 전적으로 드렸을 뿐 아니라 때로는 오래도록 한결같이 기도하는 것이 습관처럼 되었다는 사실만큼은 분명히 알 수 있습니다.

사람들이 자신들의 기도가 단순히 시간의 길고 짧음에 따라 값이 매겨진다고 오해할지도 모르겠습니다. 그러지 말기를 바랍니다. 우리가 이런 이야기를 나누는 목적은 홀로 하나님과 많은 시간을 보내는 것이 얼마나 중요하고 필요한 일인지를 강조하기 위함입니다. 그리고 이러한 기도의 습관이 우리 믿음에 의해 얻어진 열매가 아니라면, 우리의 믿음은 약하고 이름뿐인 믿음에 지나지 않습니다.

그리스도를 본받아

그리스도를 누구보다 온전히 닮은 사람들이 있었다면, 또한 그리스도를 위해 세상에 가장 강력한 영향력을 미친 사람들이 있었다면, 그들은 하나님과 오랜 시간을 함께한 사람들이었으며 그것을 삶의 가장 두드러진 특징으로 소유했던 사람들이었습니다. 영국의 신앙 부흥을 이끌었던 찰스 시므온(Charles Simeon)은 새벽 네 시부터 여덟 시까지의 시간을 오로지 하나님께만 드렸습니다. 존 웨슬리(John Wesley)는 날마다 두 시간씩 새벽 네 시부터 기도했습니다. 그를 잘 알았던 어떤 이는 "그는 기도하는 것을 다른 무엇보다 소중하게 여겼다. 기도실에서 나오는 그를 본 적이 있는데, 그의 얼굴은 평온했으며 광채가 나는 듯했다"고 기록했습니다.

존 플레처(John Fletcher) 목사는 그의 방을 둘러싼 사방의 벽을 기도의 숨결로 얼룩지게 만들었습니다. 그는 때때로 밤을 새워 기도했으며, 기도할 때는 언제나 뜨거웠습니다. 한 마디로 그는 기도의 삶을 살았습니다. 그는 "내 마음을 하나님께 드리지 않고서는 결코 자리에서 일어나지 않겠다"고 말했습니다. 그가 친구를 만날 때마다 하는 인사는 늘 "오늘도 기도했습니까?"였습니다. 마르틴 루터는 "매일 아침마다 두 시간씩 기도하지 못하면, 그날은 악마가 승리하는 날이다. 나는 할 일이 너무 많기 때문에 하루에 세 시간씩 기도하지 않으면 배겨낼 수 없다"고 말했습니다. 그의 좌우명은 "기도를 잘한 사람이 연구도 잘한다"였습니다.

대주교 레이튼(Leighton)은 홀로 하나님과만 아주 오랫동안 지낸 탓에 영원히 묵상만 하며 사는 것처럼 보였습니다. "기도와 찬양은 그의 일이자 그의 기쁨"이었다고 한 전기 작가는 말했습니다. 토마스 켄(Thomas Ken)은 하나님과 오래토록 함께 지내면서 그의 심령이 "하나님과 사랑에 빠졌다"는 얘기를 들었습니다. 그는 매일 새벽 시계가 세 시를 가리키기 전부터 하나님과 함께 하기를 시작했습니다. 프란시스 애즈베리(Francis Asbury)는 "할 수 있으면 새벽 네 시에 일어나 기도와 묵상으로 두 시간을 보낼 것을 추천한다"고 말했습니다. 아직 우리 가운데 경건의 진한 향기를 풍기고 있는 사무엘 러더포드(Samuel Rutherford)는 기도로 하나님과 만나기 위해 날마다 새벽 세시에 일어났습니다. 조셉 얼레인(Joseph Alleine) 목사는 새벽 네 시에 일어나 여덟 시까지 기도했습니다. 어쩌다 상인들이 자신보다 먼저 일어나 일을 시작하는 소리를 듣게 되면, "정말 부끄럽구나. 나의 주님이 그들의 사업보다 못한 존재가 되어버렸으니!" 하며 소리쳤다고 합니다. 이렇듯 기도의 습관을 잘 익힌 사람은 하늘에 있는 무궁한 보화를 언제라도 받아 누릴 수 있습니다.

경건하며 많은 은사를 지녔던 스코틀랜드의 한 설교자는 이렇게 말했습니다.

> 나의 하루 중 가장 귀중한 시간을 하나님과 교제하는 데 드려야 한다. 그 일은 가장 숭고하고도 결실 있는 활동이며, 결코 구석으로 밀어 놓을 일이 아니다. 아침 여섯 시부터 여덟 시까지가 나의 하루 중 가장 방해를 덜 받는 때이므로, 이때 기도해야 한다. 차

를 마시고 난 후도 가장 좋은 시간대이다. 그러므로 전적으로 하나님께 드려져야 한다. 나는 잠자리에 들기 전에 기도하는 이 유익하고 오래된 습관도 결코 내려놓아서는 안 된다. 이때는 오히려 잠에 빠질 것을 경계해야 한다. 어쩌다 한밤중에 잠이 깼을 때, 나는 일어나 기도해야 한다. 아침 식사 후의 짧은 시간은 중보하는 것으로 보내면 좋을 것이다.

이것은 로버트 머레이 맥체인(Robert Murray McCheyne)의 기도 계획이었습니다.

잊혀지지 않는 감리교인들의 기도 습관은 우리를 부끄럽게 만듭니다. "새벽 네 시에서 다섯 시까지 개인 기도, 오후 다섯 시에서 여섯 시까지 개인 기도."

경건함으로 놀라운 생애를 살았던 스코틀랜드의 설교자 존 웰치(John Welch)는 하루에 여덟에서 열 시간을 기도하지 않은 날이면, 그날은 헛되이 살았노라고 생각했습니다. 그는 밤에 일어나 기도할 때 두르기 위해 침대맡에 늘 담요를 두고 지냈습니다. 그의 아내는 그가 바닥에 엎드려 우는 것을 보고 자주 불평했습니다. 그러면 그는 이렇게 대답하곤 했습니다. "여보, 내가 위하여 기도해야 할 영혼은 3천 명이나 되는데 그들 대부분이 어떤 형편인지 모른단 말이오."

CHAPTER 8
우리는 기도의 위인이 되어야 합니다

기도의 삶을 살다

다니엘 윌슨(Daniel Wilson) 감독은 "헨리 마틴의 일기를 읽으면서 크게 놀랐던 이유는 그가 그토록 오랜 시간 동안 기도를 위해 쏟았던 열정과 헌신 때문이었다"고 말했습니다.

에드워드 페이슨(Edward Payson)이 기도하기 위해 자주 무릎을 꿇었던 딱딱한 나무바닥에는 홈이 파이기도 했습니다. 그의 전기를 썼던 작가는 이렇게 말했습니다.

> 그에게서 찾을 수 있는 가장 두드러진 특징은 어떠한 형편에서든지 쉬지 않고 기도를 계속했다는 점이다. 그의 명성에 부러움을 갖는 모든 이들이 명심해야 할 대목이다. 그의 눈부시고 괄목할

만한 성공의 비결은 의심할 바 없이 기도를 향한 그의 뜨거운 마음과 중단없는 기도에 있다.

그리스도를 누구보다 귀하게 여겼던 마르퀴스 디렌티(Marquis DeRenty)는 어느 날 시종에게 자기가 기도할 테니 30분 후에 알려달라고 했습니다. 시간이 되자 시종은 열린 문틈으로 마르퀴스를 지켜보았습니다. 하지만 무릎을 꿇고 기도하는 그의 모습이 너무 거룩해 보여 도무지 그의 기도를 중단시킬 엄두가 나지 않았습니다. 그의 입술은 쉬지 않고 움직였으나 아무 소리도 들리지 않았습니다. 시종은 1시간 하고도 30분을 더 기다린 뒤에야 그를 불렀습니다. 그러자 마르퀴스는 무릎을 펴고 일어서면서 그리스도와 교제하기에 30분은 너무 부족하다며 아쉬워했다고 합니다.

데이비드 브레이너드는 "오두막에 홀로 남아 많은 시간 기도할 수 있는 것이 좋다"고 말했습니다.

경건한 삶과 탁월한 설

교 및 놀라운 기도 응답 체험으로 유명한 윌리엄 브램웰(William Bramwell)은 한 번 기도를 시작하면 몇 시간씩 계속했습니다. 그는 언제나 무릎을 꿇고 지냈으며 그가 목양했던 교구는 활활 타올랐다고 합니다. 그 불길은 다름 아닌 그의 기도의 불꽃에서 시작됐습니다. 은퇴한 뒤에도 한번 기도를 시작하면 종종 네 시간을 넘기곤 했습니다.

앤드류스(Andrewes) 감독은 날마다 기도와 묵상으로 다섯 시간을 보냈습니다.

영국군 장교로 이름이 알려진 헨리 해블록 경(Sir Henry Havelock)은 매일 아침마다 처음 두 시간을 하나님과 함께 보냈습니다. 아침 여섯 시에 야영지에서 철수해야 하는 상황에서도 새벽 네 시에 일어나 기도할 정도였습니다.

얼 케언즈(Earl Cairns)는 매일 아침 여섯 시에 일어나 1시간 30분 동안 기도와 성경공부를 마친 뒤 여덟시 십오분에 가정 예배를 드렸습니다.

미국인 인도 선교사 아도니람 저드슨(Adoniram Judson) 박사가 하나님의 사역에 큰 업적을 남길 수 있었던 비결은 기도에 많은 시간을 쏟았기 때문입니다. 그 점에 대해 그는 이렇게 증언했습니다.

할 수만 있다면 단순한 경건 훈련이 아닌 하나님과의 은밀한 기도와 교제를 위해 날마다 두세 시간 정도 집중할 수 있도록 업무를 조정하라. 하루에 일곱 차례 정도는 업무와 사람들에게서 벗어나 하나님께 우리의 심령을 올려드리는 개인적인 시간을 가져야 한다. 먼저, 자정이 지나고 자리에서 일어나 밤의 어둠과 고요함 속에서 몇 시간 동안 이 성스러운 일에 집중하는 것으로 하루를 시작하라. 새벽녘의 몇 시간 역시 이 일을 위해 우리를 드려야 한다. 오전 아홉 시, 열두 시, 오후 세 시와 여섯 시 그리고 밤 아홉 시에 우리는 동일한 일을 해야 한다. 이렇게 하는 이유는 주님 때문이다. 이 일을 끊임없이 하기 위해 모든 희생을 감수하라. 우리에게 허락된 시간은 짧다. 그러므로 업무와 사람들로 인해 하나님께 드려야 할 시간을 빼앗겨서는 안 된다.

기도로 침노하라

이 권면에 대해 우리는 불가능하다고 말하고 싶어집니다. 미친 짓이라고 외치고 싶어집니다. 그러나 아도니람 저드슨을 보십시오. 그는 그리스도를 위해 결정적인 영향력을 남겼습니다. 미얀마의 심장부에 부서지지 않는 화강암으로 하나님 나라의 기초를 놓았습니다. 그는 그리스도를 위해 엄청난 흔적을 남긴 몇 안 되는 사람 중 하나입니다. 그보다 위대한 은사와 천재적인 재능과 높은 학식을 갖춘 많은 사람들도 그와 같은 흔적을 남기지 못했습니다. 그들의 종교적 활동이 모래 위에 발자국을 남긴 것과 같다면, 아도니람 저드슨의 사역은 반석 위에 새긴 것과 같습니다. 그처럼 오래가고 심대한 영향력을 남길 수 있었던 비결이 무엇일까요? 바로 그의 기도입니다. 그는 무쇠가 풀무불 안에서 뜨겁게 달아오르듯 기도했으며, 하나님께서는 대장장이가 쇠를 만지듯 능력으로 그를 다듬으셨습니다. 기도의 사람이 아니고서는 누구도 하나님을 위해 위대한 일을 행할 수 없을 뿐 아니라 기도에 많은 시간을 드리지 않고서는 누구도 기도의 사람이 될 수 없습니다.

기도가 하나님의 명령에 단순히 순응하는 습관 같은 것이라는 얘기가 사실일까요? 그것은 재미없고 기계적일 뿐일 텐데요. 혹은 기도란 고분고분하고 짤막하고 피상적인 것들로만 주된 요소를 이루기까지 길들여지는 별볼일없는 행위에 불과할까요?

영국의 설교자 캐논 리든(Canon Liddon)이 이렇게 말했습니다.

기도란 비현실적인 몽상의 시간을 보내면서 즐기는 다소 수동적인 감정 놀이에 지나지 않는다는 것이 사실일까? 실제로 기도를 해본 사람들에게 대답을 들어보자. 그들의 설명에 따르면 기도는 보이지 않는 권세자와 밤이 새도록 혹은 날이 밝도록 씨름을 하는 것과 같다. 야곱이 바로 그랬다. 또한 사도 바울의 설명처럼, 기도는 힘을 하나로 모아 수고하듯 많은 이들이 함께 중보하는 것이라고도 한다. 그렇게 기도할 때 우리는 모두의 시선을 (죽음을 앞두고 땀방울이 핏방울이 되어 땅에 떨어지도록 기도하셨던) 겟세마네의 위대한 중보자 되시는 분께 고정하게 된다. 재판관을 피곤하게 했던 과부의 '끈질김'은 성공적인 기도의 핵심이다. 끈질김이란 결코 오랫동안 간직하는 꿈하고는 다르다. 그것은 지속적인 행위를 의미한다. 천국은 오직 기도를 통해서만 침노할 수 있다. 그리고 침노하는 자만이 빼앗을 수 있다.

작고한 해밀턴(Hamilton) 감독이 남긴 말입니다.

매우 관심 있을 뿐 아니라 가장 절실한 일들에서 변화를 일으키기 위하여 철저히 준비하고 꾸준한 자세로 기도를 시작하지 않는 사람은 기도를 통해 아무런 능력을 경험할 수 없다.

기도를 위한 잠언

기도는 우리가 위대한 일을 성취하기 위해 필요한 수단이 아니다. 기도 그 자체가 바로 위대한 일이다. — 오스왈드 챔버스

CHAPTER 9
기도로 하루를 시작하십시오

이른 아침에 무릎 꿇으라

이 세상에서 하나님을 위해 가장 큰 일을 행한 사람들은 아침 일찍 무릎을 꿇고 기도한 사람들입니다. 새로운 날의 가장 좋은 기회임에도 쓸데없는 일에 이른 아침을 허비하는 사람은 그날의 나머지 시간에 하나님을 찾는 일에서도 별 진전이 없습니다. 이른 아침, 우리의 생각과 활동에서 하나님이 맨 앞자리를 차지하지 못한다면, 그날의 나머지 시간 동안 그분은 가장 뒷자리로 밀려나시게 될 것입니다.

이른 아침에 가장 먼저 기도한다는 것은 우리가 하나님을 얼마나 간절히 찾고 있는지를 보여주는 증거입니다. 아침에 기도하는 것이 내키지 않는다면 주님이 우리 마음에 없다는 말과 같습니다. 아침에 우리의 마음이 하나님을 찾는 일에 게으르다면 하나님을 향한 관심이 없다는 뜻입니다. 다윗의 마음은 하나님을 찾고자 하는 뜨거움으로 가득했습니다. 그는 하나님을 찾는 일에 굶주리고 목말라했습니다. 해가 뜨기 전 이른 아침부터 그는 하나님을 향해 나아갔습니다. 안락한 침대와 달콤한 수면은 하나님을 향한 그의 열심을 잠재우지 못했습니다. 예수님 또한 하나님과의 깊은 교제를 갈망했습니다. 그래서 날이 새려면 아직 먼 새벽 미명에 기도하러 산에 올라가시곤 했습니다. 늦게 잠에서 깨어난 제자들은 그분이 어디에 계셨는지 알고 나서 자신들의 나태함을 부끄러워했을 것입니다. 하나님을 위해 위대한 일을 행한 사람들을 보면 그들 모두가 아침 일찍 하나님을 찾았던 사람들이었음을 알 수 있습니다.

하나님을 향한 갈망이 달콤한 잠자리의 사슬을 끊을 수 없을 정도라면 그 정도의 갈망으로는 하나님을 위해 아무 일도 행할 수 없습니다. 하루를 시작하면서 하나님을 향한 우리의 갈망이 마귀와 세상이 품은 악한 욕망보다 미약하다면 어떤 식으로든 그들을 당해낼 수 없습니다.

하나님을 갈망하라

물론 단순히 일찍 일어난다고 해서 하나님의 군사로 전선의

맨 앞에 나가 지도자가 될 수 있는 것은 아닙니다. 기도하지 못하도록 옭아매는 자기만족과 나태함의 사슬을 끊을 수 있을 만큼 압도적인 갈망이 있어야 합니다. 그럴지라도 일찍 일어나는 일 자체는 우리에게 더 큰 갈망을 불러일으키며 힘을 줍니다. 침대 위에 누운 채 나태함에 빠져버린다면 그나마 있던 갈망조차 사그라들고 말 것입니다. 갈망은 우리를 일깨우고 자극하여 하나님께로 향하도록 만들기 때문입니다.

이러한 부르심, 곧 갈망에 대한 세심한 주의와 순종은 하나님을 향한 위대한 사람들의 믿음을 키우고, 가장 달콤하고 충만한 계시를 얻게 했습니다. 믿음의 성장과 계시의 충만함이 그들을 탁월한 성도로 탈바꿈시켰습니다. 그들의 위대함은 우리에게 전해졌고, 우리는 그들이 거둔 승리의 기쁨에 동참할 수 있게 되었습니다. 그러나 우리는 그 기쁨을 누리려고만 할 뿐 그들을 닮아 기도하려 하지 않습니다. 우리는 그들의 무덤을 장식하고 감동적인 비문을 새겨 넣지만, 그들이 보여준 삶의 모습을 따라가려고 하지는 않습니다.

우리는 이른 아침에 하나님을 찾고 구하는 설교자가 필요합니다. 아침의 새로움과 수고의 땀방울을 하나님께 드리고 그분의 신선하고 충만한 능력을 받는 사람들이 필요합니다. 분주하고 고된 하루의 삶속에서 이슬처럼 허락되는 하나님의 기쁨과

기도하지 못하도록 옭아매는
자기만족과 나태함의 사슬을 끊을 수 있을 만큼
압도적인 하나님을 향한 갈망이 있어야 합니다.

능력을 받는 사람들이 필요합니다. 하나님을 찾는 일에 게으른 것은 우리의 가장 지독한 죄입니다. 이 세상의 자녀들은 우리보다 훨씬 지혜롭습니다. 그들은 이른 아침부터 밤늦도록 분주하게 뛰어다닙니다. 그런데 우리는 하나님을 구하는 일에 부지런하거나 열심을 내지 않습니다. 하나님을 열심히 따르지 않는 사람은 결코 하나님으로부터 좋은 것을 받을 수 없습니다. 또한 이른 아침에 하나님을 찾지 않는 사람은 하나님을 열심히 따를 수 없습니다.

기도를 위한 전언

누군가를 만나려거든 먼저 하나님부터 만나야 한다. 그런데 종종 늦잠을 자거나 너무 일찍 사람을 만나는 날이면 열한 시나 열두 시가 되어서야 기도를 시작할 수 있다. 이것은 정말 잘못됐다. 성경적이지도 않다. 그리스도는 날이 밝기 전에 한적한 곳으로 가시지 않았는가? 다윗도 "여호와여 아침에 주께서 나의 소리를 들으시리니 아침에 내가 주께 기도하고 바라리이다"라고 고백했다. 어느새 우리 가정에서 드리는 기도가 힘이 없고 미적지근해졌다. 그래서인지 나를 만나러 오는 사람들에게 나는 아무것도 해주지 못한다. 양심은 죄책감 때문에 죽을 지경이고, 나의 심령은 굶주려 있으며, 기도의 등잔은 켜질 줄을 모른다. 그럴 때는 은밀한 기도를 드리는 중에도 나의 심령이 집중을 하지 못한다. 다시금 모든 것을 하나님과 함께 시작해야 하는 때가 된 것이다. 그분의 얼굴을 먼저 구하고, 나의 심령이 다른 이들보다 그분과 더 가까이 있기를 간절히 소원해야 하는 절박한 시점이다. ― 로버트 맥체인

CHAPTER 10
기도와 헌신은 하나입니다

헌신된 그리스도인

지금은 헌신된 그리스도인이 그 어느 때보다 필요한 시기입니다. 그보다 더 절실히 필요한 것이 있다면 하나님께 헌신된 설교자입니다. 세상은 거침없이 흘러가고 있습니다. 세상의 통치자 사탄은 그의 목적을 이루기 위해 세상의 모든 움직임을 조종하고 있습니다. 이러한 세상에서 기독교는 무엇이 가장 매력적이며 완벽한 그리스도인의 모습인지에 대한 모델을 제시할 수 있어야 합니다. 우리 시대의 성도들은 성령님을 통하여 그러한 그리스도인이란 어떤 모습이어야 하는지에 대해 배워야 합니다.

사도 바울은 에베소 교회가 측량할 수 없는 거룩함의 높이와 넓이와 깊이를 헤아리고 "하나님의 모든 충만하신 것으로 충만하게"(엡 3:19) 되기 위하여 날마다 무릎을 꿇고 살았습니다. 에바브라도 골로새 교회가 "하나님의 모든 뜻 가운데서 완전하고 확신 있게 서기를"(골 4:12) 위하여 고민하며 힘이 다하도록 뜨겁게 기도했습니다. 그 시대에 사도들은 언제 어디에 있든 하나님의 사람들이 "하나님의 아들을 믿는 것과 아는 일에 하나가 되어 온전한 사람을 이루어 그리스도의 장성한 분량이 충만한 데까지 이르게"(엡 4:13) 하는 일에 모든 노력을 기울였습니다.

하나님의 부르심을 따라가지 못하고 성장이 멈추어 있는 이들에게는 어떤 상도 주어지지 않습니다. 영적 아이로 멈춘 채 늙어버린 이들에게는 어떤 격려도 주어지지 않습니다. 아이들은 당연히 자라야 합니다. 나이를 먹으면 약하고 무력한 대신 그 나이에 맞는 열매를 맺고 힘이 붙으며 성숙해져야 마땅합니다. 기독교에서 가장 숭고한 것이 있다면 그것은 영적으로 성숙하고 헌신된 거룩한 사람들입니다. 지금 우리에겐 이런 사람들이 필요합니다.

돈이 많다고 해서, 재능이 뛰어나다고 해서 혹은 문화적으로 성숙하다고 해서 하나님을 위해 큰일을 행할 수 있는 것이 아닙니다. 거룩함이 우리의 심령에 능력을 줍니다. 사랑으로 달아오르고, 더 큰 믿음과 더 많은 기도와 더 많은 열정을 갈구하는 헌신된 사람에게 거룩함은 찾아옵니다. 그리고 그것은 능력이 임하는 비결입니다.

우리는 이 능력이 필요합니다. 하나님을 향해 불타오르는 열정을 소유한 사람이 이 능력을 드러낼 수 있습니다. 이 헌신이 부족한 탓에 하나님의 일은 지체되고, 그분의 동기는 왜곡되며, 그분의 이름이 더럽혀졌습니다. 천재적인 재능, 세련미가 넘치는 학식, 높은 지위와 존엄한 자리 그리고 영예로운 이름을 가졌을지라도 하나님의 병거를 움직일 수 없습니다. 오직 거룩함으로 불타오르는 헌신된 사람만이 그 병거를 움직일 수 있습니다. 존 밀턴과 같은 천재라도 그것을 움직일 수 없습니다. 레오 황제와 같은 권세로도 그것을 움직일 수 없습니다. 데이비드 브레이너드와 같은 영혼을 소유한 사람만이 그것을 움직일 수 있습니다. 하나님을 향해 불타오르는 영혼, 세상의 수많은 심령들을 향해 헌신하여 불타오르는 영혼만이 그 병거를 움직일 수 있습니다. 이 땅의 것, 이기적인 마음에서 비롯된 세상적인 힘으로는 모든 것을 집어삼키고 소멸하는 하나님의 불꽃 같은 힘을 감당할 수 없습니다.

헌신의 통로

기도는 헌신의 통로인 동시에 산파입니다. 헌신의 영은 곧 기도의 영입니다. 영혼과 육체가 연합되어 있고 생명과 심장이 연합되어 있듯, 기도와 헌신은 서로 하나입니다. 헌신이 없이는 참된 기도가 있을 수 없으며, 기도가 빠진 헌신이란 존재하지 않습니다. 설교자는 가장 거룩한 헌신을 통해 하나님께 복종해야 합니다. 그는 전문직업인이 아니기에 그의 사역 또한 먹고 살기 위한 하나의 직업이 아닙니다.

이는 하나님이 정하신 사명일 뿐만 아니라 신성한 부르심입니다. 설교자는 하나님께 헌신해야 합니다. 그의 목표와 포부와 야망은 하나님을 향한 것이어야 하며, 하나님께 드려져야 합니다. 생명을 유지하기 위해 음식이 필수적이듯, 하나님께 헌신하기 원하는 이에게 기도는 결코 없어서는 안 되는 생명줄입니다.

설교자는 무엇보다 하나님께 헌신한 자이어야 합니다. 설교자가 하나님과 맺고 있는 관계는 그의 사역이 어떠함을 알리는 상징물이자 증명서입니다. 그 관계는 분명하고 결정적이며 틀림없어야 합니다. 단지 보통 사람들과 다를 바 없는 헌신, 겉으로만 그럴 듯한 헌신은 결코 안 됩니다. 만일 그가 은혜로 충만하지 못하다면, 다른 모든 일에서도 뛰어날 수 없습니다. 만일 그가 삶을 통해, 성품을 통해, 행실을 통해 설교하지 않는다면, 그는 아무것도 설교하지 않은 것이 됩니다. 그의 얕은 헌신으로는, 아볼로처럼 은사가 있다 해도 아무 능력 없는 설교를 행하게 될 것입니다. 얕은 헌신으로는 음악처럼 부드럽고 달콤한 설교를 행한다 해도 그 무게는 깃털보다 가벼워 아침이 되면 사라지는 안개와 같을 것입니다.

하나님께 대한 헌신. 설교자의 성품과 행실에서 이것을 대체할 만한 것은 없습니다. 다른 헌신, 예를 들면 교회에 대한 헌신, 여러 견해에 대한 헌신, 조직에 대한 헌신, 정통 교리에 대한 헌신 등은 우리가 영감의 원천으로 삼기에는 너무 보잘것없고 속기 쉬우며 헛된 것들입니다. 오직 하나님만이 설교자가 붙잡아야 할 원천이자 면류관이 되어야 합니다. 예수 그리스도의 이름과 영광을 드러내고, 그분의 뜻을 이루는 것만이 설교자가 힘써야 할 전부가 되어야 합니다. 설교자는 예수 그리스도의 이름 외에 다른 어떤 것도 붙잡지 않으며 그분을 영화롭게 하는 일 말고는 다른 어떤 야망도 품지 않으며 오직 그분만을 위해 땀을 흘려야 합니다. 그러면 기도는 하나님의 계시를 얻는 원천이 되고, 지속적인 성장의 수단이 되며, 성공의 척도가 될 것입니다. 설교자는 하나님과 함께하는 것을 그의 변함없는 목표이자 단 하나뿐인 야망으로 품어야 합니다.

성도를 세우는 기도

지금은 기도가 갖고 있는 가능성에 대한 완벽한 예들이 그 어느 때보다 필요한 시기입니다. 간절히 기도했던 세대 혹은 사람들이 아니라면 복음의 능력을 보여줄 참다운 예는 어디에도 없습니다. 기도하지 않는 세대는 하나님의 능력을 보여주는 예로서는 도무지 자격이 없습니다. 기도하지 않는 마음은 결코 하나님의 높다란 영적 산악지대에 오를 수 없습니다. 어느 세대이든 지나간 세대보다 나을 수는 있겠지만, 문명의 발전으로 이루어지는 진보는 기도의 능력으로 말미암아 거룩해지고 그리스도를 닮아감으로 이루어지는 진보와는 비교할 수 없는 차이가 존재합니다. 그리스도가 이 땅에 오셨을 때 유대인들은 이전 세대보다 훨씬 발전된 상황에서 살았습니다. 바리새파 신앙으로 볼 때 그들은 황금기에 있었습니다. 그런데 황금기라던 그들의 종교 세대가 그리스도를 십자가에 못박았습니다. 예수 그리스도가 오셨을 때, 그들보다 더 열심히 경건을 추구한 세대도 없었지만, 그들만큼 적게 기도한 세대도 없었습니다. 그들보다 방종한 세대도 없었지만, 그들보다 희생을 기피한 세대도 없었습니다. 그들보다 맹목적 신앙에 빠진 세대도 없었지만, 그들보다 하나님께 헌신하지 못한 세대도 없었습니다. 그들보다 성전 예배에 열심이던 세대도 없었지만, 그들보다 하나님을 예배하지 못한 세대도 없었습니다. 그들보다 입술이 뜨거웠던 세대도 없었지만, 그들보다 마음이 차가웠던 세대도 없었습니다. 그들보다 열심히 모이던 세대도 없었지만, 그들보다 성도가 적었던 세대도 없었습니다.

성도를 세우는 것은 기도의 능력입니다. 거룩한 성품은 진실된 기도의 능력으로 빚어집니다. 진실한 성도가 많아질수록 진실한 기도도 많아지고, 진실한 기도가 많아질수록 진실한 성도도 많아질 것입니다.

기도를 위한 찐편

우리 시대에는 사역자들의 영적 영향력이 현저히 줄어들었다. 내 경우를 봐도 그렇고 다른 이들도 마찬가지다. 우리 안에 얕은 잔재주나 부리고 처세에 밝으며 어떤 식으로든 일만 되면 된다는 식의 분위기가 팽배해 있는 건 아닌지 우려스럽다. 게다가 우리는 사람들의 취향이나 편견에 맞추기 위해 지나치게 애쓰고 있다. 분명히 말하지만, 사역은 거룩하고 숭고한 일이며, 우리는 단순할 필요가 있다. 또한 주님이 허락하신 모든 결과에 대해 거룩하지만 겸손한 무관심을 가져야 한다. 이러한 태도는 습관처럼 우리 안에 자리잡아야 한다. 기독교 사역자들에게 가장 두드러진 결함은 이런 내려놓음의 헌신된 습관이다. ─ 리처드 세실

CHAPTER 11
위대한 헌신의 사람

하나님께서 쓰시는 사람

과거에도 그랬지만 지금 하나님께는 허다한 기도의 사람들이 있습니다. 그들은 경건하고 헌신된 설교자들로 그들의 삶에서 기도는 강력하고 지배적이며 두드러진 힘을 발휘합니다. 세상은 그들의 힘을 알고 있습니다. 하나님께서도 그들의 힘을 알고 들어 쓰셨습니다. 그들의 기도로 말미암아 하나님의 뜻은 강력하고도 신속하게 이루어졌으며, 그들의 성품에서는 거룩함이 밝은 빛으로 드러났습니다.

그 중의 한 사람이 데이비드 브레이너드였습니다. 그의 행적과 이름은 역사 속에 길이 남아 있습니다. 그는 결코 평범한 사람이 아니었습니다. 그는 어떤 무리에 섞여 있어도 눈에 띄는 사

그는 하나님의 사람이었습니다.

그에게 하나님은 언제나 처음이자

마지막이었습니다.

하나님께서도 그를 통하여

넘치는 은혜와 능력을 베푸셨습니다.

람이었습니다. 지혜 있고 재능 있는 동료들 사이에서나, 촉망받는 목회자들 사이에서나, 세련되고 학식이 높은 사람들 사이에서도 두드러진 사람이었습니다. 하물며 그들 모두가 브레이너드를 목회자로 모시려고 안달이 날 정도였습니다. 조나단 에드워즈는 브레이너드를 가리켜 이렇게 증언했습니다.

> 데이비드 브레이너드는 특별한 재능을 갖추고, 사람들과 온갖 것들에 대하여 많은 지식을 소유했으며, 보기 드문 화술을 지녔고, 신학적으로도 탁월했으며, 특별히 신앙생활과 관련한 모든 문제에서 그토록 젊은 나이임에도 매우 경건하고 헌신된 사람이었다. 동시대를 살았던 이들 중에 그와 필적할 만한 사람을 나는 보지 못했다. 그는 참된 신앙의 본질과 핵심에 대해 누구도 따라오지 못할 만큼 분명하고 정확한 개념을 가지고 있었다. 또한 그는 누구도 흉내낼 수 없는 방식으로 기도에 헌신했다. 그의 학식 또한 대단해서 강단에 서면 그 특출한 은사가 맘껏 드러났다.

데이비드 브레이너드의 삶보다 더 숭고한 이야기는 이 세상에서 찾을 수 없습니다. 어떤 기적도 이 사람의 생애와 사역만큼 기독교의 진리를 능력 있게 증거하지 못할 것입니다. 아메리카의 거친 환경에서 밤과 낮으로 치명적인 질병과 싸우며, 영혼을 보살피는 법을 배운 적도 없는 그가 하나님의 말씀을 듣고 인디언들에게 다가갈 때, 그의 영혼은 거룩한 불길로 타올랐습니다. 그곳에서 그는 기도로 자신의 영혼을 하나님께 쏟아부었고, 하나님을 온전히 예배함으로 은혜로운 결과들을 기대했습니다. 그러자 무지와 이교 풍습에 빠졌던 인디언들이 순결하고 경건한 그리스도인으로 회심하는 커다란 변화가 일어났습니다. 인디언들은 단번에 모든 악덕을 버리고 기독교의 의식과 의무를 따랐으며, 가정 기도가 시작되고 주일이 정기적으로 성수되었습니다. 그들에게 은혜가 넘치면서 따듯함과 활력이 흘렀습니다. 이 모든 결과가 가능했던 이유를 우리는 데이비드 브레이너드에게서 찾을 수 있습니다. 그가 처했던 조건이나 여러 사건들이 아닌 브레이너드라는 사람의 내면에서 말입니다. 그는 하나님의 사람이었습니다. 그에게 하나님은 언제나 처음이자 마지막이었습니다. 하나님께서도 그를 통하여 넘치는 은혜와 능력을 베푸셨습니다. 그의 마음 상태가 어떠했느냐는 전능한 은혜가 흘러넘치는 데 아무 장애가 되지 못했습니다. 마음 상태와 상관없이 그는 언제나 헌신했으며 하나님의 일에 모든 걸 희생했습니다. 그는 하나님의 은혜가 흐르는 충만하고 가장 강력한 통로가 되었고, 하나님께서는 소망 없고 거친 황야에 능력으로 임하셔서, 그곳을 꽃피고 열매 맺는 풍성한 정원으로 바꾸셨습니다. 우리도 데이비드 브레이너드처럼 기도하고 헌신한다면 하나님께서 우리를 통해 못하실 일은 아무것도 없습니다.

기도로 보내는 하루

브레이너드는 거룩한 삶을 살았습니다. 또한 기도의 삶을 살았습니다. 그의 일기는 끊임없는 금식과 묵상과 기도의 흔적으로 가득합니다. 그는 하루 중 대부분의 시간을 기도로 보낸 적이 많았습니다. 그는 일기에 이렇게 기록했습니다.

집에 돌아와서 금식과 기도와 묵상에 잠길 때면, 나의 영혼은 금욕과 자기 부인과 겸손과 세상 것과의 결별을 끊임없이 갈망한다. 나는 이 세상과 상관할 것이 없다. 오직 하나님을 위해 정직하게 봉사하는 일만 하고 싶을 뿐이다. 여기서는 단 한 순간도 세상의 것을 위해 살고 싶지 않다." 그는 이와 같은 마음으로 기도하던 때의 경험을 다음과 같이 기록했습니다. "하나님과의 교제는 참으로 감미롭다. 그분의 사랑은 강권하는 힘이 있어 나의 심령은 완전히 사로잡히고 나의 모든 갈망과 애착은 오직 하

나님께로 향하게 된다. 나는 오늘 하루를 은밀한 기도와 금식을 위해 구별하고, 복음을 전하는 막중한 일을 감당할 수 있도록 하나님의 인도와 축복을 구했다. 주님께서 내게로 오셔서 그분의 얼굴의 빛을 비춰주실 것을 간구했다. 그러나 오전 중에는 생명력과 힘을 느끼지 못했다. 정오가 지날 무렵에서야 하나님은 내 곁에 없는 친구들을 위해 간절히 중보할 수 있도록 힘을 주셨다. 그리고 한밤중에 되자 놀랍게도 그분이 내게 찾아오셨다. 그때만큼 내 심령이 크게 번민하던 때가 없었던 것 같다. 나는 아무 거리낌 없이 주님께 나아갔다. 그분의 은혜가 보화처럼 내게 쏟아졌기 때문이다. 나는 먼 곳에 있는 친구들을 위해, 영혼의 수확을 위해, 수많은 불쌍한 영혼들을 위해, 그리고 멀리 흩어져 있는 하나님의 자녀들을 위해 하나님께 매달렸다. 해가 뜬 후로 반 시간이 지난 무렵부터 어둠이 내려앉을 때까지 나는 번민하며 간절히 기도했다. 내 몸은 땀으로 흠뻑 젖었다. 하지만 가련한 영혼들을 위해 땀이 핏방울이 되기까지 기도하셨던 구세주에 비하면, 나는 아무 일도 하지 않은 것 같았다. 나는 나의 기도 제목이었던 그 사람들을 향해 좀 더 연민을 품게 되기를 소원했다. 그 후로도 나는 잠자리에 들기까지 주님의 사랑과 은혜에 잠겨 있었고 하나님을 마음에 담은 채 잠을 청했다.

그의 삶에 놀라운 능력을 준 것은 이와 같은 기도였습니다.

영적 능력의 원천

기도에 힘이 있는 사람들은 영적으로 힘이 있는 사람들입니다. 그들의 기도는 땅에 떨어지지 않습니다. 브레이너드의 삶은 한 마디로 기도의 삶이었습니다. 밤낮으로 그는 기도에 매진했습니다. 인디언들에게 복음을 전하기 전에 기도하고, 복음을 전하고 나서도 기도했습니다. 말을 타고 우거진 숲을 홀로 지날 때에도 기도하고, 짚으로 엮은 침대에 누워서도 기도했습니다. 순간마다, 날마다, 이른 아침과 늦은 밤에도 그는 기도하고 금식하며, 심령을 쏟아 붓고, 중보하고, 하나님과 교제를 나누었습니다. 그는 하나님과 함께하며 능력 있는 기도를 드렸고, 하나님께서도 그와 능력으로 함께하셨습니다. 그의 육체는 이제 우리 곁에 없지만 그의 기도와 헌신은 지금도 살아서 우리와 함께하고 있으며, 세상 끝날까지 우리와 함께 할 것입니다. 세상 끝 날에 우리가 함께 할 영광스러운 이들 가운데 그는 맨 앞에 있게 될 것입니다. 조나단 에드워즈는 그를 가리켜 이렇게 말했습니다.

그의 삶은 능력 있는 사역으로 가는 바른 길이 무엇인지 보여준다. 그는 전투에서 승리를 얻으려는 군사처럼 그 길을 찾았다. 혹은 경주에서 이겨 큰 상을 얻으려는 사람처럼 그 길을 찾았다. 그리스도와 수많은 심령들에 대한 사랑에 매여 그는 얼마나 많은 수고를 했던가! 그는 지칠 줄 모르고 언제나 뜨겁게 살았다. 그는 말할 때나 교리를 전할 때나, 대중 앞에서나 사석에서나 하나님께서 맡기신 사람들을 위해 수고했을 뿐 아니라, 사람들 마음속에 그리스도가 들어가시도록 하나님을 붙잡고 기도했다. 그는 말할 수 없는 번민과 고민 가운데 마치 산고를 겪듯이 하나님께 매달렸다. 마치 야곱처럼 그는 어두운 밤을 지나 날이 밝을 때까지 씨름을 벌였다.

기도를 위한 잠언

그리스도와 더 깊은 교제를 누리도록 힘쓰라. 그리스도 안에는 한켠에 주름 잡힌 커튼이 드리워져 우리가 절대 볼 수 없는 부분이 있는데, 그곳에 사랑이 숨겨져 있다. 나는 그 사랑의 극한까지 보기를 간절히 원하지만 너무 많은 주름 때문에 잘 보이지 않는다. 그러니 더 깊이 들어가라. 땀흘리고 수고하며 고통을 겪기까지 그분을 찾으라. 할 수 있는 한 그분과 교제하며 그 사랑을 알기 위해 많은 시간을 들이라. 그 수고에 합당한 대가를 얻게 될 것이다. — 사무엘 러더포드

CHAPTER 12
기도는 준비된 마음을 빚습니다

기도가 마음에 미치는 유익

기도는 다양한 면에 여러 능력이 있어서 우리가 진리를 입술로 온전히 그리고 자유롭게 전할 수 있도록 도와줍니다. 설교자는 기도로 세워집니다. 그러기에 우리는 설교자를 위해 기도해야 합니다. 설교자의 입술은 기도로 채워져야 합니다. 그러기에 우리는 설교자의 입술이 크게 열려 기도로 가득 채워지도록 기도해야 합니다. 많은 기도가 있을 때 설교자의 입술은 거룩해집니다. 많은 기도가 드려질 때 설교자의 입술은 담대해집니다. 교회와 세상, 하나님과 천국은 바울의 입술에 많은 빚을 졌습니다. 그 입술의 능력은 기도에서 왔습니다.

기도는 설교자에게 다양한 차원의 무한한 가치가 있는 유익

우리는 설교 준비에 지나치게 치중한 나머지
정말 중요한 것을 준비하지 못한 경험이 있습니다.
그것은 마음입니다.
준비된 마음이 단지 마음 없이 정교한 설교보다
훨씬 낫습니다.
준비된 마음이 준비된 설교를 만듭니다.

을 가져다 줍니다. 그 중 하나는 설교자의 마음에 미치는 유익입니다.

기도는 마음을 움직이는 설교자를 만듭니다. 기도는 설교자의 마음이 설교자의 설교문에 담기도록 합니다. 기도는 설교자의 설교가 설교자의 마음속에 파고들도록 만듭니다.

마음이 살아야 설교자가 삽니다. 심장이 뛰어야 설교자가 힘을 얻습니다. 위대한 설교자는 위대한 마음을 소유한 사람입니다. 악한 마음을 소유한 사람이 선한 일을 하는 경우가 있을지 몰라도 그것은 극히 드문 일입니다. 삯꾼과 손님이 양을 치는 일을 도울 수는 있겠지만, 양떼를 축복하고 목자의 직분을 온전히 감당할 수 있는 이는 오직 '선한 목자'의 마음을 품은 목자뿐입니다.

마음을 준비하라

우리는 설교 준비에 지나치게 치중한 나머지 정말 중요한 것을 준비하지 못한 경험이 있습니다. 그것은 마음입니다. 준비된 마음이 단지 마음 없이 정교한 설교보다 훨씬 낫습니다. 준비된 마음이 준비된 설교를 만듭니다.

설교 작성의 기교를 다룬 책들이 하루가 멀다 하고 쏟아져 나오고 있습니다. 그 책들을 쌓아올린다면 거대한 탑을 이룰 지경입니다. 젊은 설교자들은 설교를 기계적이고 현학적인 산물로 여겨 설교 형식과 감각과 화려함에 온 힘을 쏟도록 배워왔습니다. 그 결과 우리는 사람들이 잘못된 미각을 키워 은혜보다는 재능을, 경건보다는 웅변을, 깨달음보다는 미사여구를, 거룩함보다는 명성과 현란함을 칭송하도록 조장했습니다. 결국 우리는 설교에 대한 바른 개념을 잃어버리고, 설교의 능력을 잃어버리고, 죄에 대한 사무치는 깨달음도 잃어버렸습니다. 또한 그리스도인의 풍성한 체험과 고상한 성품이 무엇인지 잃어버리고, 양심을 다스리는 권위와 진실한 설교에서 얻어지는 삶도 잃어버리고 말았습니다.

설교자들이 지나치게 연구에만 몰두한다고 지적하려는 것이 아닙니다. 어떤 설교자들은 연구를 제대로 하지 않을 뿐만 아니라 전혀 연구하지 않는 설교자들도 있으니까요. 적지 않은 설교자들은 자신이 하나님께 인정받는 일꾼이라는 것을 드러내려고 바르지 않은 방식으로 연구하기도 합니다. 그러나 우리에게 있는 가장 큰 결함은 부족한 머리에 있지 않고, 공허한 가슴에 있습니다. 지식의 결핍보다 거룩함의 결핍이 우리가 지닌 안타까운 점입니다. 너무 많이 안다는 사실보다 우리가 하나님을 충분히 묵상하지 않는다는 사실이 우리를 능력 없는 자로 만듭니다. 우리는 하나님과 교제가 부족할 뿐 아니라 그분의 말씀에 대한 묵상도 부족하며 금식과 기도도 너무 부족합니다. 우리의 공허한 마음이 설교를 능력 없게 만드는 가장 큰 장애물이 되었습니다. 하나님의 진리를 품은 말씀이 우리 마음에서 거대한 절벽에 부딪힌 뒤 좌절되고 맥없이 땅에 떨어져버리고 마는 것입니다.

복음을 전할 자격

명예와 지위를 탐하는 설교자가 이름 없는 종의 모습으로 이 땅에 오셨던 분에 대한 복음을 전할 수 있겠습니까? 자기 자랑과 허영에 사로잡힌 설교자가 온유하고 비천한 모습으로 이 땅을 걸으셨던 분에 대한 복음을 전할 수 있겠습니까? 성미가 까다롭고 이기적이며 세속적인 설교자가 오래 참음과 자기 부인과 겸손에 대해 설교할 수 있겠습니까? 세상을 미워하고 세상에 대해 못 박혀야 하는 운명을 받아들일 수 있겠습니까? 억지로 들판에 나온 무심한 삯꾼 같은 이가 양떼를 위해 목숨을 희생해야 하는 목자에 대한 복음을 전할 수 있겠습니까? 품삯과 돈을 탐하는 이가 바울처럼 자신을 비우고 대신 그리스도의 영으로 복음을 증거할 수 있겠습니까? 존 웨슬리는 바울이 했던 고백을 자신의 표현으로 바꿔 이렇게 새로 고백했습니다. "나에게 그것은 더러운 똥과 같아서, 오히려 발에 밟힐까봐 신경쓰일 뿐이다. (하나님의 은혜로 가득한) 나에게 그것은 길을 가다 마주치는 진흙탕일 뿐이다. 그런데 내가 그것을 바라거나 찾겠는가?" 하나님의 말씀을 이해하고 받아들이고 전하기 위해 인간의 천재성과 높은 문화 수준과 탁월한 사상과 두뇌의 힘이 필요한 것이 아닙니다. 단지 어린아이의 마음에서 찾을 수 있는 단순함과 온유함과 겸손함과 믿음이 필요할 뿐입니다.

바울이 사도들 가운데 보다 뛰어날 수 있었던 것은 그가 자신의 지식과 천재성을 복음이 가진 거룩하고 신령한 능력에 철저히 복종시켰기 때문입니다. 존 웨슬리가 능력의 사람으로 인류 역사에 흔적을 남길 수 있었던 것도 그가 자신의 재능을 의지하지 않았기 때문입니다.

우리에게 가장 필요한 것이 있다면 마음을 준비하는 일입니다. 루터는 "기도로 잘 준비하는 자가 설교도 잘 준비한다"는 신조를 품고 살았습니다. 그렇다고 생각을 하지 말라거나 지성을 사용하지 말하는 얘기는 아닙니다. 오히려 마음이 잘 준비된 사람이 그의 지성을 가장 잘 사용할 수 있음을 강조하는 것입니다. 또한 설교자는 연구하지 말아야 한다는 뜻이 아니라 그들의 가장 좋은 교재는 성경이어야 하며 부지런히 마음을 지킨 사람이 성경을 가장 잘 연구할 수 있음을 말하려는 것입니다. 우리는 설교자가 사람들에게 관심을 갖지 말라고 얘기하는 것이 아니라 자신의 마음이 얼마나 복잡한지를 알고 그 깊이를 깨닫는 사람이 인간의 본질에 관한 전문가가 될 수 있다는 뜻입니다. 설교의 통로는 지성이지만 설교의 기초는 마음입니다. 우리는 통로인 지성을 갈고 닦아야 합니다. 그럼에도 그 근원이 되는 마음의 오염도와 깊이를 제대로 살피지 않는다면, 그 통로는 어느새 더러워지고 메마르게 될 것입니다. 보통의 지성인이라면 복음을 전파할 충분한 지각을 갖추었다고 말할 수 있습니다. 우리가 알고 있는 거의 대부분의 사람들이 그 수준에 들어가겠지요. 그러나 그 중 극히 일부만이 그 일을 감당하기에 충분한 은혜를 누리고 있을 뿐입니다. 자신의 마음과 끊임없이 싸우며 다스리게 된 사람, 겸손과 믿음과 사랑과 진실함과 자비와 긍휼한 마음으로 복음을 가르친 사람, 잘 훈련된 마음에 담긴 풍성한 보물을 쏟아낼 수 있는 사람, 복음의 능력으로 청중의 양심에 찔림을 줄 수 있는 사람, 그런 사람만이 우리 주님께서 인정하시는 가장 참되고 능력 있는 설교자가 될 수 있습니다.

CHAPTER 13
머리가 아닌 마음에서 은혜가 나옵니다

머리보다 마음

마음은 세상의 구원자입니다. 머리로는 아무것도 구할 수 없습니다. 천재성, 명민함, 지식력, 천부적 재능은 구원자가 될 수 없습니다. 복음은 오직 마음을 통해 흐릅니다. 마음의 힘이야말로 가장 강력한 힘입니다. 마음에 가득한 은혜야말로 가장 달콤하고 사랑스러운 은혜입니다. 마음에 가득한 은혜는 위대한 성품을 빚습니다. 마음을 가득 채운 은혜는 하나님의 성품을 갖게 합니다. 하나님은 사랑이십니다. 사랑보다 위대한 것은 없으며, 하나님보다 위대한 분은 없습니다. 마음은 천국을 부릅니다. 천국은 사랑이기 때문입니다. 천국보다 고귀하고 달콤한 것은 없습니다. 그러므로 하나님의 위대한 설교자는 머리가 아닌 마음으로 설교하는 사람입니다. 설교자는 신앙생활의 모든 면을 마음으로 보아야 합니다. 설교자는 강단에서 마음으로 전해야 합니다. 설교자는 청중들의 소리를 마음으로 들어야 합니다. 사실상 우리는 하나님을 우리의 마음으로 섬기고 있습니다. 머리에 치우쳐서는 천국에서 인정받을 수 없습니다.

강단에서 사역자들이 가장 흔하게 저지르는 심각한 잘못은 설교에 마음을 담기보다 지식을, 기도보다 사상을 더 담으려고 시도하는 것입니다. 그러나 마음이 큰 설교자가 능력 있는 설교를 행할 수 있습니다. 마음이 선한 설교자가 자기를 희생하는 목자처럼 강단에 설 수 있습니다. 그러므로 복음 증거를 위해 가장 절실한 것은 '마음'을 키우고 고양시키는 신학교입니다. 목회자는 오직 그의 마음으로만 사람들을 끌어당기고 이끌 수 있습니다. 사람들이 목회자의 재능을 인정하고 그의 능력을 자랑스러워하고 그의 설교에 애정을 품을 수 있겠지만, 사람들의 삶이 변화되는 능력은 오직 그의 마음에서만 나옵니다. 사랑은 그의 홀(笏)이며, 그의 마음은 능력의 보좌입니다.

선한 목자는 양떼를 위해 자기 목숨을 내어놓습니다. 단지 머리를 가지고만 목자로 살려는 이는 그런 희생을 하지 못합니다. 사랑과 충성스러운 삶을 살도록 우리를 복종시키는 것은 오직 마음입니다. 충성스러운 사역자가 되려면 엄청난 용기가 필요합

복음은 오직 마음을 통해 흐릅니다.

마음의 힘이야말로 가장 강력한 힘입니다.

마음에 가득한 은혜야말로

가장 달콤하고 사랑스러운 은혜입니다.

니다. 그리고 오직 마음만이 그러한 용기를 가져다줍니다. 재능과 천재성으로도 용감해질 수 있지만, 진정한 용기는 머리가 아닌 마음에서 나옵니다.

머리를 채우는 일이 마음을 준비시키는 일보다 쉽습니다. 기지가 번뜩이는 설교를 준비하는 것이 마음을 움직이는 설교를 준비하는 것보다 쉽습니다. 하나님의 독생자 예수 그리스도를 하늘보좌에서 우리에게로 이끌 수 있는 것은 마음입니다. 이런 마음을 품은 사람을 세상은 원합니다. 세상은 슬픔을 함께 나누고 고통에 동참하며 불행에 손을 내밀고 아픔을 나눌 줄 아는 그런 마음의 소유자가 필요합니다. 그리스도도 그런 마음을 소유하셨기에 누구보다 슬픔을 아는 분이셨습니다(사 53:3을 보라).

하나님이 찾으시는 마음

하나님께서는 우리에게 요청하십니다. "네 마음을 내게 다오!" 사람들도 우리에게 간절히 원하고 있습니다. "당신의 마음을 주십시오!"

직업적으로 하는 사역은 마음이 없는 사역입니다. 사례와 봉급이 사역의 주된 동기가 된다면, 마음은 찾아볼 수 없을 것입니다. 우리가 설교를 직업으로 삼는다면 그 안에 마음이 담길 수 없을 것입니다. 설교 사역에서 자신을 앞세우는 사람은 마음을 뒤쪽 구석에 처박아두는 사람입니다. 서재에서 마음으로 씨를 뿌리지 않는 사람은 하나님이 기뻐하시는 수확을 결코 거두지 못합니다. 기도실은 마음의 서재입니다. 우리는 연구실에 있을 때보다 기도실에 있을 때 설교의 주제와 방법에 대하여 더 많은 것을 배울 수 있습니다. "예수께서 눈물을 흘리시더라"(요 11:35)는 구절은 성경에서 가장 짧지만 가장 강력한 말씀입니다. 예수님이야말로 대단한 설교를 위해서가 아니라 울며 씨를 뿌리기 위해 기도하셨던 분이기 때문입니다. 그분이야말로 다시 오셔서 기쁨으로 단을 거두기 위해 마음을 드리셨던 분이기 때문입니다.

기도는 우리에게 분별력과 지혜를 주며 생각을 넓히고 능력을 줍니다. 기도의 골방은 우리의 완벽한 학교이자 스승입니다. 우리의 사고는 기도를 통해 더욱 빛나고 명료해질 뿐 아니라 다시 태어납니다. 우리가 진정으로 기도한다면, 여러 시간의 연구보다 한 시간의 기도로 더 많은 것을 배웁니다. 세상 어디에서도 찾을 수 없고 읽을 수 없는 책들이 기도실 안에 있습니다. 세상 어디에서도 깨달을 수 없는 하나님의 계시를 우리는 기도실에서 얻을 수 있습니다.

CHAPTER 14
기도는 성령의 기름부으심을 가져옵니다

기름부으심이 있는 설교

웨슬리와 동시대를 살았던 친구이자 기독교 사상가인 알렉산더 녹스(Alexander Knox)는 웨슬리가 일으킨 영적 대각성 운동에 크게 감명 받아 다음과 같은 기록을 남겼습니다.

다소 이상하고 안타까운 일이지만, 영국에서는 감리교 성도들과 목회자들을 제외하면 설교에 관심을 가진 사람을 찾아볼 수가 없다. 국교회 목회자들은 설교하는 법을 완전히 잊어버렸다고 보는 것이 대체적인 현실이다. 2년 전만 해도 이 나라에서 위대한 스승처럼 나를 가르칠 수 있는 이들은 감리교 목회자들을 빼면 아무도 없었다. 그리고 이제는 조금이라도 마음에 감동을 주는 설교를 다른 교파에서 들을 수가 없다. 그렇다고 내가 감리교 설교자들의 모든 내용에 동의하는 것은 아니다. 다만 그들이 지금은 이 기독교 신앙을 가장 참되고 정연하게 전하고 있다고 본다.

지난 주일에 나는 진정한 기쁨을 맛보았다. 내가 단언할 수 있는 것은 설교자가 진리의 말씀을 바르게 전했다는 것이다. 그는 웅변술이 화려하지도 않았다. 정직한 설교자라면 그런 것을 바라지는 않을 것이다. 그는 그보다 더 좋은 것, 곧 생명을 주는 진리를 마음으로부터 신실하게 전했다. 내가 '생명을 주는' 설교라고 말할 수 있는 이유는 그가 청중들에게 선포한 진리 그대로를 삶으로 살지 않고서는 결코 경험할 수 없는 것을 전했기 때문이다. 그는 진실로 성령의 기름부으심을 받은 설교자다.

성령의 기름부으심이 설교를 설교 되게 합니다. 이 기름부으심을 경험하지 못한 설교자는 결코 생명을 주는 설교를 전할 수 없습니다. 이 기름부으심을 놓친 설교자는 생명을 주는 설교를 잃어버린 자입니다. 기술적인 설교와 멋진 화술과 차원 높은 사고력과 청중을 즐겁게 만드는 남다른 재주를 갖추었다고 해도, 이 기름부으심을 경험하지 못한 설교자는 하나님의 능력을 담은 설교를 행할 수 없습니다. 기름부으심은 하나님의 진리를 능력 있게 만듭니다. 기름부으심은 하나님의 진리가 즐거우며 흡인력을 갖도록 만듭니다. 기름부으심은 하나님
의 진리를 접한 청중들이 감동을 받고 구원
을 얻도록 만듭니다.

기름부으심은 하나님이 계시하신 진리
에 생명력을 불어넣습니다. 생명력이란 스
스로도 살아 있으며 다른 것에 생명을 준다
는 뜻입니다. 하나님의 진리를 전한다고 해
도 기름부으심이 없으면 그것은 경박하고 생명이 없을 뿐만 아
니라 다른 것을 죽이기까지 합니다. 비록 풍성한 진리와 중후한
사상을 담았을지라도, 빛나는 문장력과 뛰어난 논리를 지녔을지
라도, 열정으로 힘이 넘칠지라도 성령의 기름부으심이 없다면
그것은 생명이 없는 죽은 것입니다. 설교자 스펄전은 이렇게 말
했습니다.

> 성령의 기름부으심을 받은 설교가 무엇인지에 대해 제대로 설명
> 하기란 사실상 불가능에 가깝다고 해야겠다. 그럼에도 설교하는
> 자는 기름부으심이 있다는 것을 알고 있으며, 듣는 자는 기름부
> 으심이 결여된 설교를 간파할 수 있다. 흔히 기근이 든 사마리아
> 는 기름부으심이 없는 설교를 상징하며, 살찐 제물과 풍성한 음
> 식으로 넘치는 예루살렘은 성령의 기름부으심으로 충만한 설교

를 나타낸다(사 25:6을 보라). 모든 사람은 잔디 위에 맺힌 영롱한 이슬방울들을 보면서 아침의 신선함이 무엇인지 안다. 하지만 어느 누가 그것을 온전히 묘사할 수 있으며, 하물며 그것을 만들어낼 사람이 있겠는가? 이것이 영적인 기름부으심의 신비이다. 우리는 알고 있다. 하지만 다른 이에게 그것이 무엇인지 설명하지는 못한다. 그것을 거짓으로 꾸며 말할 수는 있어도 어리석은 짓일 뿐이다. 기름부으심은 결코 인간이 만들어낼 수 없는 것이며 그것을 가짜로 꾸며내는 것은 쓸모없는 정도가 아니라 나쁜 짓이다. 기름부으심은 값으로 따질 수 없을 만큼 귀하며 성도들을 가르칠 때와 죄인들을 그리스도에게로 인도할 때 가장 필요한 것이다.

기도를 위한 전면

개인 기도가 사역에 가져올 수 있는 한 가지 형언할 수 없을 만큼 특별한 축복은 성령의 기름부으심이다. 기름부으심은 만군의 주님으로부터 임한다. 그렇지 않고서 우리가 기름부으심을 받았다고 한다면 속이는 것에 불과하다. 우리는 오직 기도를 통해서만 그것을 소유할 수 있다. 그러므로 우리는 끊임없이 뜨거운 기도를 계속해야 한다. 우리의 양털을 기도의 타작마당에 깔고 천국의 이슬로 젖을 때까지 간구하자. ― 찰스 해돈 스펄전

CHAPTER 15
기름부으심은 설교가 설교 되게 합니다

설교자와 기름부으심

딱히 무엇이라고 정의하기 힘든 이 기름부으심에 대해 유명한 스코틀랜드의 한 설교자는 이렇게 얘기했습니다.

> 설교를 하다보면 가끔은 표현할 수도 없고 설명할 수도 없는 무언가가 있다. 그것이 어디로부터 오는지 알 수 없지만 달콤한 우격다짐으로 나의 마음과 감정을 파고들어온다. 그러나 그것은 주님으로부터 직접 오는 것이다. 만일 그것을 얻을 어떤 방도가 있다면 오직 설교자가 하늘에 속한 사람인가 하는 것에 달렸다.

우리는 이것을 성령의 기름부으심이라고 부릅니다. 하나님의

진리를 전하는 많은 방법 가운데서
참된 복음을 전하는 방법이 특별할 수밖에 없는 이유는
기름부으심 때문입니다.
또한 이것은 기름부으심을 받은 설교자와 그렇지 못한 설교자 사이에
건널 수 없는 영적 간극을 만들어놓습니다.

영적간극

말씀이 "살았고 운동력이 있어 좌우에 날선 어떤 검보다도 예리하여 혼과 영과 및 관절과 골수를 찔러 쪼개기까지 하며 또 마음의 생각과 뜻을 감찰"(히 4:12)하게 하는 것이 바로 이 기름부으심입니다.

설교자의 설교가 그와 같은 날카로움과 예리함과 힘을 갖추고, 죽어 있는 회중들을 흔들어 깨울 수 있다면 바로 이 기름부으심 때문입니다. 잘 다듬어진 문장과 인간적인 부드러움을 갖춘 설교도 날카롭고 예리하며 힘이 있을 수 있습니다. 하지만 그런 설교가 행해진 뒤에는 아무런 생명의 조짐이 나타나지 않습니다. 심장의 박동은 일어나지 않으며 그저 무덤처럼 고요함만 흐르고 회중들은 여전히 죽어 있을 뿐입니다. 그러나 똑같은 설교자가 기름부으심의 세례를 받는다면 상황은 완전히 달라집니다. 거룩한 영감이 그에게 임하고, 말씀에 신비한 능력으로 불이 붙어 생명의 박동이 시작됩니다. 기름부으심이 회중 속으로 파고들어 양심을 찌르고 마음을 깨뜨리는 일이 일어납니다.

진리를 전하는 많은 방법 가운데서 참된 복음을 전하는 방법이 특별할 수밖에 없는 이유는 이 기름부으심 때문입니다. 또한 이것은 기름부으심을 받은 설교자와 그렇지 못한 설교자 사이에 건널 수 없는 영적 간극을 만들어놓습니다. 진리가 하나님의 모든 능력으로 힘을 얻어 전달되도록 하는 것도 바로 이 성령의 기름부으심입니다. 기름부으심은 하나님께서 그분의 말씀 속에 그리고 그분의 설교자 위에 친히 임하시게 하는 것입니다. 강력하고 위대하며 지속적인 기도를 통하여, 기름부으심은 설교자에게 엄청난 능력을 갖게 합니다. 기름부으심은 설교자의 지성을 더욱 명료하게 하고, 통찰력을 얻게 하며, 능력을 소유하고 행사하게 합니다. 그것은 설교자에게 머리의 힘보다 더 큰 마음의 힘을 줍니다. 또한 온유함과 순결함과 저력이 마음으로부터 흘러나오게 합니다. 성숙함과 자유함과 온전한 사고와 언변의 솔직 단순함은 이 기름부으심의 열매들입니다.

기름부으심에 대한 오해

우리는 뜨거운 열심을 기름부으심으로 오해하는 경우가 종종 있습니다. 하나님의 기름부으심을 받은 사람은 그 영적 특성상 뜨거운 열심을 보이는 것이 당연합니다. 그러나 기름부으심을 전혀 받지 않고서도 그와 같은 모습을 보일 수 있다는 점도 유의해야 합니다.

열심과 기름부으심은 어떤 면에서 보면 서로 유사한 점이 있습니다. 그래서 조심하지 않으면 단순한 열심을 기름부으심으로 오해하고 기정사실화 하는 경우가 빚어질 수 있습니다. 따라서 우리에게는 이 두 가지를 구분할 수 있는 영적 안목과 미각이 필요합니다.

기름부으심과 마찬가지로 뜨거운 열심도 진지하고 신중하며 간절하고 잘 견디는 특징이 있습니다. 그것도 선의로 행동하고 끈기 있게 나아가며 뜨겁게 수고를 아끼지 않습니다.

그러나 이러한 특성들은 그저 인간적인 수준에 머무를 뿐이지 그 이상으로 자라지 않습니다. 그 안에는 다만 온전한 한 인간이 소유할 수 있는 정도의 의지와 마음과 두뇌와 재능과 모략과 행적과 언행이 있을 뿐입니다.

인간도 스스로 목적을 정하고 그것을 이루기 위해 날마다 수고합니다. 하지만 그 안에는 하나님의 것이 담겨 있지 않습니다. 인간의 모든 것은 담겨 있어도 하나님의 것은 조금도 없습니다. 인간은 자신이 이루려는 목적에 확신을 품고 그 중요성을 역설할 수 있습니다. 그러나 이 모든 열심은 땅의 방법으로 행해지고, 인간적인 노력으로만 추진될 뿐입니다. 가장 성스러운 것조차 인간의 손으로 만들어지고 가장 뜨거운 불조차 땅의 불꽃으로 타오를 뿐입니다.

언젠가 한 유명 설교자의 재능을 놓고 얘기가 오간 적이 있습니다. 그는 자신의 취향이나 특정한 의도에 맞추어 성경을 해석하는 재주가 있었습니다. 그것을 두고 "그는 주해 능력보다 탁월한 언변의 유창함을 키웠다"는 평가가 내려졌습니다. 이처럼 사람들은 자신의 계획이나 목적을 이루기 위해 과도하리만큼 열심을 내곤 합니다. 그런 점에서 뜨거운 열심은 기름부으심을 가장한 이기적인 열심이라고 할 수 있습니다.

기도를 지한전면

영원한 것에 대해 말하라. 그리고 무엇보다 자신의 영혼을 가꾸어라. 우리의 양심이 깨끗할 때와 우리의 마음이 하나님의 영으로 충만할 때 내뱉는 말 한 마디는 불신과 죄 가운데 내뱉는 천 마디 말보다 값지다. 사람이 아닌 하나님께서 영광을 받으셔야 한다는 점을 기억하라. 세상적인 방법을 포기한다면, 하나님의 자녀들이 드리는 기도에 얼마나 많은 응답이 이루어지겠는가? ― 로버트 머레이 맥체인

CHAPTER 16
기도의 골방에서 기름부으심이 임합니다

성령의 기름부으심

그렇다면 성령의 기름부으심이란 무엇일까요? 그것은 딱히 정의내릴 수 없지만 설교가 설교되게 하는 그 무엇입니다. 그것은 설교가 인간의 화술과 언사(言事)와는 분명히 구분되고 차별되도록 만드는 그 무엇입니다. 그것은 설교에서 드러나는 하나님의 특성입니다. 그것은 날카로움이 필요한 청중들에게 설교가 날카로워지도록 만드는 그 무엇입니다. 그것은 새로워질 필요가 있는 사람들이 새벽이슬처럼 깨끗해지도록 만드는 그 무엇입니다.

기름부으심에 대한 이런 묘사도 있습니다.

그것은 하늘에서 제련한

좌우에 날선 검

섬광을 번뜩이기만 해도

상처는 갑절이 되고,

죄에게는 죽음을

죄로 인해 애통하는 자에게는

생명을 준다.

갈등을 일으키기도 잠재우기도 하며

마음에 전쟁과 평화를 안긴다.

기름부으심은 서재가 아닌 기도의 골방에서 설교자에게 임합니다. 그것은 기도의 응답으로 주어지는 하늘의 보화이자 성령이 주시는 가장 달콤한 힘입니다. 그것은 잉태시키고 채우며, 부드럽게 하고 스며들게 하며, 잘라내고 위로하는 능력입니다. 그것은 다이나마이트 같은 말씀이 되게 합니다. 그것은 위로를 주는 말씀, 책망하는 말씀, 드러내는 말씀, 돌아보게 하는 말씀이 되게 합니다. 청중을 죄인으로 혹은 성도로 만들며, 어린아이처럼 울고 거인처럼 살아가게 합니다. 그것은 마치 봄이 오면 새싹이 돋듯 청중의 마음이 자연스레 열리도록 합니다. 기름부으심은 천재에게 주어지는 재능이 아닙니다. 그것은 학문의 전당에서 찾을 수 없습니다. 어떤 화술로도 그것을 내 편으로 삼을 수 없으며, 어떤 사업으로도 그것을 살 수 없고, 어떤 정통의 권위자도 그것을 수여할 수 없습니다. 그것은 하나님의 선물이며, 사자(使者)에게 내리시는 왕의 인장(印章)입니다. 그것은 선택받은 자에게 하늘이 내리는 기사 작위입니다. 그는 셀 수 없는 시간을 눈물과 씨름으로 기도하며 기름부으심의 영예를 구했던 진실하고 용맹스러운 자일 것입니다.

뜨거운 열심은 선하고 감동을 줍니다. 천재성은 뛰어난 재능으로 자신만의 위대성을 드러냅니다. 고귀한 사상은 무지함에 빛을 밝히고 영감을 얻게 합니다. 그러나 죄의 사슬을 끊는 문제라면 얘기가 달라집니다. 그것을 위해 뜨거운 열심과 천재성과 고귀한 사상보다 강력한 신적인 능력이 있어야 합니다. 하나님을 떠나 부패한 심령들을 다시 하나님께로 돌이키려면 훨씬 큰 무엇이 필요합니다. 깨어졌던 관계를 회복하고 순결하고 능력 있던 교회의 옛 모습을 재건하려면 하나님이 주시는 기름부으심이 필요합니다. 다른 것은 아무 소용없으며 오직 기름부으심만이 이것을 감당할 수 있습니다.

성령의 기름부으심은 하나님의 일을 위해 성도를 구별하여 그 일을 감당할 자격을 갖추도록 하는 것입니다. 이 기름부으심은 설교자가 그 특별한 영혼 구원의 목적을 성취할 수 있도록 하는 단 하나의 신적 능력입니다. 이것이 없이는 참된 영적 결과물이 뒤따를 수 없습니다. 이것이 없이 행해지는 설교의 결과와 영향력이란 어쩌면 음담패설을 내뱉은 뒤의 결과보다 나을 바가 없습니다. 기름부으심이 없다면, 설교자는 강단 그 자체와 같습니다.

기름부으심이 임하면

설교자에게 성령의 기름부으심이 임하면, 그의 입술로 전해지는 하나님의 말씀을 통해 놀라운 영적 결과들이 복음으로부터 흘러나옵니다. 이것은 기름부으심이 없을 때는 결코 일어날 수 없는 결과입니다. 기름부으심이 없어도 감동을 일으킬 수는 있겠으나 이런 것은 복음 설교의 목적과는 거리가 있습니다. 이 기름부으심을 거짓으로 꾸며낼 수도 있습니다. 그러면 정말 기름부으심을 받은 것과 비슷한 많은 일들이 일어납니다. 기름부으심의 영향으로 일어날 법한 결과들이 보입니다. 그러나 그것들도 기름부으심의 결과로 나타나는 것들의 본질과 비교하면 이질적입니다. 마음을 움직이고 감정을 고양시키는 설교에 의해 뜨거움이나 부드러움이 발현되어 마치 신적인 기름부으심의 놀라운 역사처럼 보일 수 있으나, 그것은 폐부를 찌르고 관통하며 심장을 깨뜨리는 것과 같은 힘이 없습니다. 표면적이고 감상적이며 감정에만 호소하는 설교에는 결코 마음을 치유하는 향유(香油)가 들어 있지 않습니다. 그것은 죄를 깨닫게 하거나 죄를 치유할 수 있는 근원적인 힘이 없습니다.

성령의 기름부으심은 참된 복음의 설교가 진리를 제시하는 다른 많은 방법들과 구별될 수밖에 없도록 만드는 단 하나의 뚜렷한 특징입니다. 기름부으심을 받으면, 설교자에 의해 계시된 진리는 하나님의 모든 가공할 능력을 덧입을 수 있습니다. 기름부으심은 하나님의 말씀을 밝게 조명합니다. 기름부으심은 지성을 넓히고 풍부하게 하여 하나님의 말씀을 더 잘 이해하고 깨닫게 만듭니다. 기름부으심은 설교자의 마음을 준비시켜, 최고의 결과를 낳는 데 필요한 온유함과 순전함과 힘과 빛을 소유하게 만듭니다. 이 기름부으심은 설교자에게 자유함을 주고 생각과 심령을 풍성하게 하여 다른 방법으로는 얻을 수 없는 자유롭고 풍부하며 솔직담백한 언어의 사용이 가능하게 합니다.

기름부으심이 임하지 않으면

설교자에게 이 기름부으심이 임하지 않으면, 복음은 다른 진리 체계들과 마찬가지의 파급력만 가지게 됩니다. 기름부으심이 있을 때에야 복음이 하나님의 것이라는 사실을 확증받게 될 것입니다. 설교자에게 기름부으심이 있을 때 하나님께서 그 복음 안에 들어가십니다. 기름부으심이 없으면 하나님도 계시지 않고, 복음은 그저 재주 많고 흥미를 가진 사람들이 자신들의 주장을 펼치기 위해 고안한 저급하고 만족스럽지 못한 수준으로 전락하고 맙니다.

강단에서 실패하는 가장 주된 이유는 바로 기름부으심의 결여에 있습니다. 이 점이 무엇보다 중요합니다. 설교자가 지식과 명민함과 유창함과 심지어 매력까지 갖추었을 수는 있습니다. 대단한 반향을 불어일으키거나 보다 덜 공격적인 방법으로 군중의 이목을 사로잡을 수는 있습니다. 그러나 기름부으심이 없으면 이 모든 것은 지브롤터 해협의 거센 파도와 같을 것입니다. 파도는 모든 것을 덮어버릴 기세로 달려와 거대한 포말을 일으키며 해안을 덮치지만 암석으로 이루어진 능선은 여전히 그 자리에 있고 아무런 변화도 움직임도 없습니다. 대양에서 끊임없이 밀려드는 파도에도 지브롤터의 암석들이 미동도 하지 않는 것처럼, 기름부으심이 없는 인간의 능력만으로는 인간의 마음속 죄와 그 단단함을 결코 없앨 수 없습니다.

이 기름부으심은 성별(聖別)하는 힘이 있습니다. 설교자가 하나님과 그분의 일을 위해 거룩하게 구별되도록 하는 힘이 있습니다. 다른 동력과 동기에 의해 그가 이 일에 나아올 수 있겠지만, 오직 기름부으심만이 그를 거룩하게 구별합니다. 성령님의 능력으로 하나님의 일을 위해 따로 분리되는 것만이 하나님이 적법하게 인정하시는 유일한 성별입니다.

기름부으심의 은혜

하나님께서 하늘로부터 내리시는 이 기름부으심은 강단에 설 때 필요하고 또한 반드시 소유해야 하는 은혜입니다. 하나님께서 직접 손으로 부으시는 이 기름은 우리의 모든 것, 우리의 마음과 머리와 영혼을 부드럽게 하고 윤기 있게 합니다. 그리고 우리는 땅의 것, 세속의 것, 세상의 것, 이기적인 동기와 목표들을 내버리게 되고, 하나님을 닮은 순전한 모습이 됩니다.

기름부으심을 입은 설교자가 강단에서 복음을 선포할 때 회중 가운데 동요가 일고 갈등이 일어납니다. 어떤 설교자는 강단에서 문자 그대로의 진리를 전하는데 아무 결과가 나타나지 않습니다. 그 자리의 회중은 고통이나 마음의 부담을 느끼지 못합니다. 무덤처럼 모든 것이 잠잠할 뿐입니다. 한편 다른 설교자는 강단에서 진리를 전하는데 그에게서 신비스러운 결과들이 나타납니다. 말씀은 성령에 의해 전파되며 고통스러울 정도로 강력한 진동이 감지됩니다. 양심을 깨우고 마음을 깨뜨리는 기름부으심이 있었기 때문입니다. 기름부으심이 없는 설교는 모든 것을 강퍅하게 만들고, 메마르게 하며, 가혹하게 하고, 죽음으로 내몹니다.

성령의 기름부으심은 과거 특정 시대에나 있었던 추억이 아닙니다. 그것은 현존하며 우리가 인지할 수 있는 실체입니다. 그것은 설교뿐만 아니라 일상에서도 경험할 수 있습니다. 우리가 그리스도의 진리를 능력으로 선포할 수 있게 해줄 뿐만 아니라 우리 스스로가 그리스도의 형상을 닮아가도록 변화시켜 줍니다. 하나님의 사역 안에서 그것은 너무 거대한 능력이라 그것을 제외한 모든 것을 유약하고 보잘것없이 만들 정도입니다. 기름부으심만 있다면 다른 모든 능력이 결여된다 하더라도 그것을 보상하고도 남습니다.

중단없는 기도

그렇다고 성령의 기름부으심이 한 번 받으면 사라지지 않고 영원히 남아 있는 선물은 아닙니다. 이것은 조건적이며, 처음 기름부으심을 받던 때와 같은 상황이 유지될 때에만 더 강하게 역사할 수 있습니다. 즉 하나님께 대한 중단 없는 기도가 드려져야 하고, 하나님을 향한 끝없는 목마름이 있어야 하며, 지치지 않는 열정으로 기름부으심을 찾아야 하고, 그것이 없는 채 이루어진 다른 모든 성공을 배설물로 여길 수 있어야 합니다.

이러한 기름부으심은 기도에 대한 응답으로 하나님으로부터 직접 임합니다. 기도하는 자의 마음에만 이 거룩한 기름이 가득 찹니다. 오직 기도하는 입술에만 이 성스러운 기름부으심이 덧입혀집니다.

설교에 기름부으심이 임하는 대가는 기도, 그것도 많은 기도입니다. 이 기름부으심을 계속 유지하는 유일한 조건도 기도, 그것도 많은 기도입니다. 끊임없는 기도가 없다면, 성령의 기름부으심은 설교자에게 결코 임하지 않습니다. 오래도록 인내하며 드리는 기도가 없다면, 이 기름부으심은 기한이 지나 벌레가 생겨 먹지 못하는 만나처럼 결국 스러지고 말 것입니다.

기도를 위한 잠언

기름부으심이 없다면 사역자의 모든 수고는 헛되고 헛될 뿐이다. 기름부으심은 하늘로부터 임하며 모든 사역에 맛과 향과 느낌을 입힌다. 사역자가 직무에 합당한 자격을 갖추도록 하는 모든 수단들 중에서도 성경은 제일의 자리를 차지해야 하며, 하나님의 말씀과 기도는 그 마지막이 되어야 한다. — 리처드 세실

CHAPTER 17
우리는 사도들을 본받아 기도해야 합니다

기도하는 영적 지도자

사도들은 자신들의 사역에서 기도가 얼마나 필요하며 중요한지 알았습니다. 기도가 사도인 자신들이 감당해야 할 귀한 사명임을 알았던 그들은 그 의무를 벗어버리기보다는 무엇보다 긴급하고 소중한 일로 여기고 기도에 전념했습니다. 그들은 다른 중요한 일들에 시간을 빼앗기고 정작 기도를 하지 못하게 될 것을 염려하여 가난한 사람들을 돌보는 것과 같은 일을 위해 따로 집사를 세워 그 일들을 맡겼습니다. 그렇게 방해받지 않고 "오로지 기도하는 일과 말씀 사역에 힘쓰기를"(행 6:4) 원했습니다. 그들에게는 기도가 가장 우선이었고 기도와 관계된 일들이 가장 중요했기에 그들은 열심으로 긴급한 마음을 품고 인내하며 많은 시간을 들여 기도했습니다.

주님으로부터 사도적 사명을 받았던 거룩한 성도들이 얼마나 헌신적으로 이 기도의 사역에 매진했는지는 "밤낮으로 심히 기도했다"(살전 3:10)는 바울의 고백을 보면 알 수 있습니다. 그들은 너나 할 것 없이 한결같은 마음으로 "우리는 기도에만 계속 전념하겠다"고 했습니다.

신약 시대의 설교자들은 하나님의 백성을 위해 기도하는 일에 자신들을 바쳤습니다. 그들은 하나님께서 교회에 강한 능력으로 함께하시기를 위해 기도했습니다. 이 거룩한 사도들은 하나님의 말씀을 신실하게 전하기만 하면 자신들의 사명을 완수하는 것이라고 생각하지 않았습니다. 오히려 그들은 자신들이 전한 말씀이 영향력 있고 열매 맺는 말씀이 될 수 있도록 쉬지 않고 뜨겁게 기도했습니다.

사도들에게 기도는 설교하는 것만큼이나 부담되고 힘들지만 피할 수 없는 지상 명령이었습니다. 그들은 성도들이 믿음에 굳게 서서 거룩한 삶을 살 수 있도록 하기 위해 밤낮으로 힘 있게 기도했습니다. 더불어 성도들이 영적으로 떨어지지 않도록 붙들기 위해 더욱 힘 있게 기도했습니다. 맡겨진 성도들을 위해 중보기도하는 숭고한 기술을 그리스도에게서 배우지 못한 설교자는 설교의 기술 또한 배우지 못할 것입니다. 비록 설교학의 최고 권위자로 인정받거나, 설교 작성과 전달에 관한 천부적인 재능을 지녔을지라도 사도들처럼 기도하지 않는다면 사도들처럼 복음을 전할 수도 없을 것입니다.

사람을 세우는 기도

사도들처럼 복음 증거와 영혼 구원의 사명을 맡은 이들이 드리는 기도는 많은 이들을 성도로 세웁니다. 만일 사도 시대 이후의 교회 지도자들이 동시대의 사람들을 위해 사도들만큼 열심을 품고 기도했다면, 교회의 성장을 가로막고 교회 역사에 오점을 남긴 비극의 암흑 시대는 오지 않았을 것입니다. 사도들처럼 기도한다면 사도들이 그랬던 것처럼 많은 성도를 세울 수 있으며 교회가 순결하고 능력있던 사도 시대의 모습을 지켜갈 수 있습니다.

고결한 영혼, 순전하고 숭고한 동기, 자기를 버리고 희생하는 태도, 모든 것을 다 쏟아 붓는 수고와 뜨거운 영혼, 이 모든 것들은 사람들을 위해 중보기도하는 이들에게 없어서는 안 될 조건입니다.

설교자는 맡겨진 사람들을 위해 기도하는 데 자신을 바쳐야 합니다. 사람들이 단순히 구원을 얻는 수준이 아니라 능력으로 구원 받기를 위해 기도해야 합니다. 사도들은 그 시대의 성도들이 흠 없이 온전해지기를 위해 기도했습니다. 그들이 하나님에 대해 단순히 관심을 갖는 정도가 아니라 "하나님의 모든 충만하신 것으로 충만"(엡 3:19)해지기를 위해 그토록 간절히 기도했습니다. 사도 바울도 이를 위해 단지 사도적 설교에만 집중하지 않고 예수 그리스도의 아버지 앞에 무릎을 꿇고 빌었습니다. 어쩌면 바울의 설교보다 그의 기도가 더 많은 영혼들을 주님께로 이끌었을지 모릅니다. 에바브라 역시 설교뿐만 아니라 기도를 통해 골로새교회 성도들을 양육했습니다. 그는 골로새의 성도들이 "하나님의 모든 뜻 가운데서 완전하고 확신 있게 서기를" 위해 헌신적으로 기도했습니다.

지도자의 영적 책임

설교자는 하나님이 세우신 지도자입니다. 그들은 교회의 영적 건강에 대한 책임을 맡은 자들입니다. 그들은 교회의 성품을 빚고 특성을 드러내며 삶의 방향을 지시하는 자들입니다.

그러므로 교회의 거의 모든 것이 이들 지도자에 달렸습니다. 그들은 시대를 빛고 제도를 만들어가는 자들입니다. 교회는 신성하며, 교회에 담긴 보화는 하늘의 속한 것입니다. 그러나 교회는 인간적인 요소를 담고 있기도 합니다. 하늘의 보화가 땅의 그릇에 들어 있는 셈입니다. 그렇기에 그릇의 달그락거리는 소리

설교자는 하나님이 세우신 지도자입니다.
그들은 교회의 영적 건강에 대한 책임을 맡은 자들입니다.
그들은 교회의 성품을 빚고 특성을 드러내며
삶의 방향을 지시하는 자들입니다.

가 날 수밖에 없습니다. 하나님의 교회는 교회의 지도자들에 의해 형성됩니다. 교회가 그들을 빚든, 그들이 교회를 빚든, 교회는 그 지도자들과 크게 다를 수 없습니다. 지도자들이 영적이라면 교회도 영적일 테고, 교회가 세속적이라면 그 지도자들도 그러할 것입니다. 이스라엘의 왕들이 이스라엘이라는 국가의 영적인 면을 좌우했다는 사실을 보면 알 수 있습니다. 교회는 그 지도자들의 신앙심보다 크게 낮거나 높을 수 없습니다. 영적으로 강력한 지도자들이 교회에 있다면 그것은 하나님의 은혜의 상징입니다. 그러나 약하고 세속적인 지도자들이 존재한다면 그것은 교회에게 재앙이나 다름없습니다. 하나님께서 영적 아이에 불과한 이들을 그들의 왕으로 삼으시고 다스리게 하셨을 때 이스라엘이라는 국가는 타락하여 비천한 처지가 되고 말았습니다. 믿음이 어린 자들이 하나님의 이스라엘을 쥐고 흔들었을 때 선지자들은 그 나라의 불행한 미래를 예언할 수밖에 없었습니다. 영적 지도자들이 어떠한 사람들인가에 따라 교회의 영적 흥망성쇠가 좌우됩니다.

기도하지 않는 지도자

기도는 영적으로 강건한 지도자들의 주된 특징 가운데 하나입니다. 능한 기도의 사람들은 능력을 행하며 하나님의 일을 이루어냅니다. 그들이 하나님으로부터 받은 능력은 승리의 동력이 됩니다.

기도하지 않는 지도자는 자격이 없는 사람입니다. 기도의 골방에서 하나님으로부터 메시지를 받지 못하는데 어떻게 설교할 수 있겠습니까? 하나님과 더불어 기도의 골방에 머물며 믿음을 키우고, 비전을 다듬으며, 마음을 뜨겁게 달구지 않고서 어떻게 복음을 증거할 수 있겠습니까? 기도실의 불꽃으로 그을리지 않는 입술은 강단에 설 수 없습니다. 그 입술은 기름부음을 받지 못해 메말라버리며, 하나님의 진리는 그 입술을 통해 결코 능력 있게 선포되지 못할 것입니다. 기도실에서 만들어지지 않은 설교는 언제나 황폐할 것입니다.

기도가 없이도 설교자는 정통적이며 흥미롭고 때로는 지식적인 설교를 행할 수 있습니다. 그러나 이런 설교와 기도로 울며 수고함으로 하나님의 귀한 씨를 뿌리는 것과 같은 설교 사이에는 측량할 수 없는 간격이 존재합니다.

기도가 빠진 사역은 하나님의 모든 진리와 하나님의 교회를 죽음으로 내몹니다. 그런 사역자는 가장 값비싼 화관과 가장 아름다운 꽃을 들었을지라도 무덤으로 향하는 장례행렬을 만들 뿐입니다. 기도하지 않는 그리스도인은 하나님의 진리를 배울 수 없습니다. 기도하지 않는 사역은 하나님의 진리를 결코 가르칠 수 없습니다. 기도하지 않는 교회는 영광스러운 천년 왕국이라도 당장에 박살낼 수 있습니다. 기도하지 않는 교회는 우리 주님의 재림을 무한정 늦출 수 있습니다. 기도하지 않는 교회가 드리는 죽음의 예식은 지옥의 영토를 무한히 확장시킬 것입니다.

우리가 드릴 수 있는 가장 귀하고 위대한 제물은 기도입니다. 우리 시대의 설교자들이 이 기도의 교훈을 잘 깨닫는다면, 그리고 기도의 능력을 온전히 활용한다면, 주님의 천년왕국은 우리 시대가 저물기 전에 도래할 것입니다. "쉬지 말고 기도하라"는 외침은 우리 시대의 설교자들에게 주는 나팔소리입니다. 우리 시대의 설교자들이 설교의 본문과 주제와 단어와 문구를 기도의 골방에서 얻는다면, 다음 시대에는 새하늘과 새땅이 분명히 열릴 것입니다. 죄로 물들고 어두워진 옛 하늘과 옛 땅은 기도의 능력 아래 저물게 될 것입니다.

CHAPTER 18
우리는 설교자를 위해 기도해야 합니다

또 하나의 기도

어떻게 된 일인지 설교자를 위해 기도하는 일은 없어도 되거나 중요하지 않은 것처럼 인식되고 있습니다. 때로는 그 일이 사역의 신뢰도를 떨어뜨리는 것이라는 얘기도 들려옵니다. 그것이 마치 사역의 무능력을 공적으로 선포하는 것인 양 받아들이는 겁니다. 어쩌면 설교자를 위해 기도하는 것이 설교자로서 배울 만큼 배우고 모자람이 없다는 자부심에 흠집을 내는 거라 여기는 것일 수도 있습니다. 그러나 이러한 자부심이 사역자에게 의지할 무엇이 된다면 그것은 당연히 공격을 받고 비난받아야 마땅한 일입니다.

설교자에게 기도는 단지 직업상 가지는 의무나 특혜가 아닙니다. 기도는 필수조건입니다. 폐가 숨을 쉬기 위해 산소가 반드시 필요한 것처럼 설교자에게 기도는 없어서는 안 되는 요소입니다. 설교자가 기도하는 일은 절대적으로 필요합니다. 설교자와 기도라는 두 가지 명제는 서로 결혼하여 하나가 되어야 하며 결단코 결별이란 생각할 수 없습니다. 이처럼 설교자는 마땅히 기도해야 하듯, 또한 설교자는 마땅히 기도의 대상이 되어야 합니다. 설교자를 위해서 사람들의 기도가 필요하다는 말입니다. 설교자는 할 수 있는 한 모든 수고를 들여 기도해야 하며, 설교자는 할 수 있는 한 모두로부터 기도를 받아야 합니다. 그래야 설교라는 그 두려운 책임을 온전히 감당하여 가장 크고 진실된 성공을 이룰 수 있습니다. 진실된 설교자는 자신의 영을 성숙케 하는 일과 날마다 기도의 삶을 사는 것과 더불어 하나님의 사람들의 기도를 받기 위해 열심을 내야 합니다.

거룩한 사람일수록 기도에 더욱 큰 가치를 두는 법입니다. 하나님께서 기도하는 자에게 자신을 허락하시며, 기도로 간절히 소망하는 만큼 그분이 계시를 깨닫게 하신다는 사실을 그는 잘 알고 있습니다.

기도하지 않는 마음에는 결코 구원이 임하지 않습니다. 기도하지 않는 영혼 가운데는 결코 성령님이 내주하시지 않습니다. 기도하지 않는 심령에는 결코 설교가 힘을 발휘하지 않습니다.

그리스도는 기도하지 않는 그리스도인을 단 한 사람도 알지 못하십니다. 기도하지 않는 설교자가 전한 복음은 전파될 수 없습니다. 은사와 재능과 학식과 달변과 심지어 하나님의 부르심을 소유했다고 해도 그것이 기도해야 할 필요성을 줄여주지 못하며 오히려 설교자는 더욱 기도해야 할 뿐만 아니라 그를 위한 사람들의 기도가 절실히 필요합니다.

설교자가 자신의 부르심의 본질과 막중한 책임과 어려움을 알면 알수록, 그리고 그가 진실한 설교자라면, 그는 기도가 점점 더 필요하다는 사실을 깨닫습니다. 스스로도 기도해야 할 뿐만 아니라 다른 이들을 다그쳐 그들의 기도로 자신을 도와달라고 요청해야 한다는 점을 어느 때보다 절실하게 인지할 것입니다.

바울의 기도 요청

바울은 이런 일에 좋은 본보기입니다. 만일 누군가 자신의 재주로, 자신의 지식으로, 자신의 문화적 소양으로 복음을 전할 자격이 있다면 그는 오직 바울뿐일 것입니다. 또한 개인적으로 받은 놀라운 은혜와 사도적 사명, 그리고 하나님의 위대한 부르심에 힘입어 복음을 전할 자격이 있다면 그는 오직 바울뿐일 것입니다.

여기서 설교자가 기도에 헌신된 사람이어야 하는 이유가 나옵니다. 또한 설교자가 참된 사도적 사명을 감당하고 온전한 사역의 열매를 거두기 위해 다른 선한 사람들의 기도로 힘을 입어야 하는 이유가 나옵니다. 바로 바울이 그랬으니까요. 누구보다 탁월한 복음전도자이자 설교자였던 바울이 말입니다. 그는 어떤 형태가 되었든 하나님의 모든 성도들의 도움을 얻고자 열심을 내며 호소했습니다.

그는 다른 일에서도 그렇지만 특히 영적인 부분에서는 모든 사람이 마음을 모아 연합할 때 능력이 있다는 점을 잘 알았습니다. 믿음과 소망과 기도를 한데 모아 집중함으로 영적 권세가 커지고 그 무엇도 막을 수 없게 된다는 사실을 잘 알았습니다. 물방울 같던 개인의 기도가 하나 둘 모여 결합하면 그 무엇도 저항할 수 없는 거대한 바다가 된다는 진리를 잘 알았습니다. 그래서 바울은 각지에 흩어져 있던 성도들의 기도를 모아 그의 사역에 집중시킴으로 영적 동력을 얻었으며 그의 사역은 광대한 바다처럼 깊고 영원한 결과를 만들어낼 수 있었습니다. 바울이 자신과 자신의 사역을 위해 모든 기도를 집중하게 했다는 점이 오늘날 우리가 인정하는 교회와 세상에 대한 그의 영향력과 헌신된 수고의 비결이라 할 수 있지 않겠습니까?

바울은 로마에 있는 형제들에게 보낸 편지에서 이렇게 말했습니다.

형제들아 내가 우리 주 예수 그리스도로 말미암고

성령의 사랑으로 말미암아 너희를 권하노니

너희 기도에 나와 힘을 같이하여

나를 위하여 하나님께 빌어(롬 15:30).

형제들아 내가 우리 주 예수 그리스도로 말미암고 성령의 사랑으로 말미암아 너희를 권하노니 너희 기도에 나와 힘을 같이하여 나를 위하여 하나님께 빌어(롬 15:30).

에베소 교회 성도들에게는 이렇게 편지했습니다.

모든 기도와 간구로 하되 무시로 성령 안에서 기도하고 이를 위하여 깨어 구하기를 항상 힘쓰며 여러 성도를 위하여 구하고 또 나를 위하여 구할 것은 내게 말씀을 주사 나로 입을 벌려 복음의 비밀을 담대히 알리게 하옵소서 할 것이니(엡 6:18-19).

골로새 교인들에게는 이렇게 썼습니다.

또한 우리를 위하여 기도하되 하나님이 전도할 문을 우리에게 열어 주사 그리스도의 비밀을 말하게 하시기를 구하라 내가 이것을 인하여 매임을 당하였노라 그리하면 내가 마땅히 할 말로써 이 비밀을 나타내리라(골 4:3-4).

또 그는 데살로니가 교인들에게는 "형제들아 우리를 위하여 기도하라"(살전 5:25)고 간곡히 요청했고 고린도교회 성도들에게도 "너희도 우리를 위하여 간구함으로 도우라"(고후 1:11)고 부탁했습니다. 바울을 위해서 기도하는 일은 교회가 감당해야 할 임무의 한 부분이었습니다. 성도들은 기도의 손을 내밀어 바울을 도와야 했습니다. 바울은 데살로니가에 보낸 편지를 끝맺음하면서 성도들의 기도가 얼마나 중요하며 필요한 것인지에 대해 덧붙였습니다.

> 종말로 형제들아 너희는 우리를 위하여 기도하기를 주의 말씀이 너희 가운데서와 같이 달음질하여 영광스럽게 되고 또한 우리를 무리하고 악한 사람들에게서 건지옵소서 하라(살후 3:1-2).

또한 그는 빌립보인들에게 자신을 위해 기도해 준다면 그로 인해 자신이 겪는 모든 시련과 박해조차 복음이 널리 전파되는 일에 도움이 될 것이라고 강조했습니다. 빌레몬이 자신의 집에 바울이 묵을 처소를 마련하게 된 것도 그가 옥에 갇힌 바울을 위해 기도했기 때문입니다(빌 1:22).

이 문제에 관한 바울의 태도를 보면 그가 복음 증거에 필요한 영적인 힘을 얻기 위해 얼마나 겸손하며 깊은 통찰력을 갖고 있었는지를 알 수 있습니다. 뿐만 아니라 바울이 그의 사역의 완수를 위해 성도들의 기도에 그토록 의지했다면, 오늘 우리야말로 각자의 부르심을 감당키 위해 하나님의 백성들의 기도가 얼마나 필요한지를 깨닫게 됩니다.

기도를 통한 지원

바울은 자신이 사람들의 기도로 힘을 얻는다고 해서 그 사실이 그의 권위를 떨어뜨리거나, 그의 영향력을 감소시키거나 하지 않음을 알았습니다. 사람들에게 기도를 요청하는 것이 경건성의 부족을 드러내는 것이라는 생각도 결코 하지 않았습니다.

설령 그렇다고 해도 그의 선택이 달라졌을까요? 그렇지 않습니다. 권위가 떨어지고 영향력이 감소하고 명성에 흠집이 난다고 해도 그는 당연히 사람들의 기도를 얻고자 했을 것입니다. 그는 비록 하나님의 부르심을 받고 복음전도자로 보내심을 받고 사도들의 수장으로 인정받는 상황이었지만, 그럼에도 그가 겸비한 모든 조건은 하나님 백성들의 기도가 없이는 불완전한 것일 수밖에 없었습니다. 그래서 그는 각지에 편지를 써서, 흩어진 하나님의 백성들이 그를 위해 기도해줄 것을 강력히 요청했던 것입니다. 이렇게 묻겠습니다. 우리는 설교자를 위해 기도하고 있습니까? 그를 위해 은밀히 하나님께 간구합니까? 우리의 개인적이고 은밀한 기도로 뒷받침되지 않는 공중 기도는 효과가 없습니다. 설교자를 위해 기도하는 자들의 모습은 모세를 돕던 아론과 훌의 관계를 떠올리게 합니다. 그들은 격렬한 전쟁이 벌어지던 때에 승리를 위해 기도하던 모세의 양손을 붙들어 지지해 주었습니다.

기도하는 교회

사도들이 그토록 원했고 이루고자 했던 것은 기도하는 교회를 세우는 것이었습니다. 그들은 기꺼운 마음으로 이웃에게 베푸는 일을 결코 가볍게 여기지 않았습니다. 신앙생활에서 종교적 활동과 의무가 차지하는 비중을 과소평가하지도 않았습니다. 그러나 사도들은 이 모든 것 가운데 어느 하나라도 기도보다 중요하고 긴급한 것은 없다고 보았습니다. 그들은 기도가 무엇보다 중요하고 필요한 의무라는 사실을 성도들에게 호소하고 권면하고 역설했습니다.

"각지에 흩어진 모든 성도들이 기도하게 하는 것"이야말로 사도들이 짊어진 마음의 부담이었으며 사도의 임무 완수를 위한 핵심이었습니다. 예수 그리스도께서도 공생애 시절 이것을 위해 애쓰셨습니다. 한번은 추수할 일꾼이 없어 죽어가는 영혼들을 바라보시며 민망히 여기셨습니다. 그리고 어리석은 제자들에게 기도의 의무를 일깨우는 말씀을 이렇게 하셨습니다.

추수하는 주인에게 청하여 추수할 일꾼들을 보내어 주소서 하라(마 9:38).

예수께서 그들에게 항상 기도하고 낙심하지 말아야 할 것을 비유로 말씀하여(눅 18:1).

기도를 위한 전언

사람들 앞에서 자신들의 사역자에 대해 불평하던 그리스도인들이 언행을 삼가고 대신 힘을 다해 하나님 앞에서 부르짖는다면, 다시 말해, 겸손하고 뜨거우며 중단 없는 기도를 사역자를 위해 행한다면, 사역에 크나큰 성공의 열매가 맺힐 것이다. — 조나단 에드워즈

CHAPTER 19
헌신은 기도에 비례합니다

시간의 가치

우리의 헌신이 시간의 길고 짧음으로 가치 매김을 받지 않겠지만 그럼에도 시간은 중요합니다. 기다리고 참으며 끈기 있게 매달릴 줄 아는 능력은 하나님과의 사귐에서 매우 본질적입니다. 서두르고 조바심을 내는 태도는 하나님과의 교제라는 막중한 영역에서 경고등을 울릴 수 있습니다. 시간이 만능열쇠는 아니어도, 짧은 헌신은 깊은 경건에 독이 됩니다. 마음의 평안과 깨달음과 능력은 결코 성급한 교제로 이루어질 수 있는 게 아닙니다. 잠깐 대충하고 마는 경건의 훈련은 우리의 영적 원기를 떨어뜨리고, 영적 진보를 막으며, 영적 기초를 무너뜨리고, 영적인 삶의 뿌리와 꽃을 시들게 합니다. 그것은 타락의 큰 원인이며 피상적인 경건의 확실한 표지입니다. 그것은 진짜인 것처럼 속이고, 메마르게 하며, 씨앗을 부패하게 만들고 토양을 불모지로 만듭니다.

성경에 기록된 많은 기도들이 대체로 짧은 것은 사실입니다. 하지만 그런 짧은 기도를 드렸던 성경의 등장인물들도 오랜 시간의 달콤하고도 거룩한 씨름을 통해 하나님과 함께 했던 이들임을 기억해야 합니다. 그들이 하나님으로부터 인정을 받는 이유는 그 짧은 기도문이 아닌 오랜 기다림 때문입니다. 모세의 기도가 짧다고요? 그는 그 기도를 드리기 위해 40일 밤낮을 금식과 울부짖음으로 하나님께 매달렸던 사람임을 기억하십시오.

엘리야의 기도도 짧은 몇 마디로 요약되어 있습니다만, 엘리야가 하나님과의 친밀하고 깊은 교제를 위해 모든 방해물과 맹렬히 싸우며 무수한 시간을 기도로 보냈음을 결코 잊지 마십시오. 오랜 시간을 씨름하며 하나님과 함께했기에 그는 생명을 위협하는 아합 왕 앞에서도 "내 말이 없으면 수년 동안 우로가 있지 아니하리라"(왕상 17:1)고 담대하게 말할 수 있었습니다. 사도 바울의 기도도 매우 짧습니다. 그러나 바울은 "밤낮으로 심히" 기도했습니다. 〈주기도문〉은 어린 영혼들을 위해 주님이 가르치신 기도의 뼈대입니다. 그러나 예수 그리스도는 그분의 사역을 다 이루시기에 앞서 이 땅에서 수많은 밤을 기도로 보내셨습니다. 그렇게 많은 밤을 지새우며 기도하셨기에 그분의 사역은 온전히 이루어질 수 있었고 하나님의 충만한 영광이 그분에게서 빛날 수 있었습니다.

시간에 인색한 헌신

영적인 일은 수고스러운 작업이라 사람들은 그 일을 하기 꺼려합니다. 말 그대로의 진실한 기도는 많은 시간과 집중을 요하는 일이라 우리의 혈과 육은 별로 즐겁지 않습니다. 세상의 다른 일들이 잘되고 있는데 굳이 비싼 대가를 치르면서 힘들게 기도하려는 사람은 드뭅니다. 그래서 우리는 스스로가 만족할 만한 수준까지만 기도하는 습관을 들이려 하고, 그렇게 해서 고상한 티를 내고 양심을 잠재우려 합니다. 하지만 그런 형식적인 기도

는 아편처럼 치명적입니다. 우리는 영적 기초가 흔들리고 금방이라도 무너질 위험에 처한 것도 모른 채, 그런 겉치레 기도에 빠질 수 있습니다. 시간에 인색한 그와 같은 조급증 걸린 헌신은 믿음을 유약하게 만들고 확신을 무르게 하며 경건이 사라지게 합니다. 하나님과 함께하지 않는 것은 하나님을 위해 일하지 않는 것입니다. 기도에 시간을 들이지 않는 사람은 성숙하지 못하고 인색하며 게으른 신앙 인격을 소유한 사람입니다.

우리의 영을 통해 하나님께서 온전히 일하시려면 많은 시간을 들여야 합니다. 짧은 헌신, 조급한 경건, 시간에 인색한 기도는 하나님께서 가득 흘러가셔야 하는 우리 '영혼'의 통로를 막아버립니다. 하나님의 계시를 온전히 얻으려면 은밀한 곳에서 많은 시간을 들여야 합니다. 짧은 시간과 조급함은 온전한 통찰과 깨달음에 치명적인 제약이 됩니다.

헨리 마틴(Henry Martyn)은 "계속되는 설교 준비에 여념이 없는 나머지 개인적인 말씀 묵상과 기도가 줄어든다면 하나님과 그 영혼 사이에 어색함이 찾아들 것이다"고 했습니다. 그도 자신을 돌아본 결과 공적 사역에는 너무 많은 시간을 써버리고 하나님과의 은밀하고 개인적인 영적 교제에는 너무 적은 시간을 썼다고 판단했습니다. 그래서 그는 금식을 위해 따로 시간을 떼어두고 경건의 시간을 위해 보다 많은 시간을 들이기로 작정했습니다. 그 결과 그는 다음과 같은 기록을 남길 수 있었습니다. "오늘 아침에는 두 시간 동안 기도했다."

윌리엄 윌버포스는 "개인 경건을 위해 더 많은 시간을 들여야 한다. 그동안은 공적인 일에 너무 바빴다. 지금처럼 개인 경건이 줄다보면 결국 내 심령이 굶주리고 말 것이다. 비쩍 말라 언제 쓰러질지 모른다. 게다가 너무 늦게까지 깨어있는 안 좋은 습관도 있다"고 기록했습니다. 의회에서 법안 추진에 실패한 뒤에 그는 이렇게 술회했습니다. "이토록 슬프고 부끄러운 일을 겪는 것은 나의 경건이 줄어든 탓이라고 본다. 그래서 하나님께서 나로 하여금 넘어지게 만드신 것 같다." 이른 새벽에 홀로 깨어 경건의 시간을 갖는 것이 그에게는 유일한 구제책이었습니다.

기도의 골방에 머무를 때

보다 이른 새벽에 보다 많은 시간을 기도에 사용한다면 쇠약해진 영적인 생명이 되살아나 활력을 찾는 기적과 같은 일이 일어납니다. 보다 이른 새벽에 보다 많은 시간을 기도에 들인다는 것은 거룩한 삶을 살고 있다는 증거입니다. 기도에 대한 우리의 헌신이 너무 짧고 조급하지만 않다면 거룩한 삶을 이루는 것은 그리 어렵지 않습니다. 은밀한 기도실에 머무는 시간이 조금 더 길어지고 조금 더 뜨거워진다면 우리는 그리스도를 닮아 그분의 성품과 그분의 향기를 드러낼 수 있습니다. 우리가 초라하게 살고 있다면 그것은 우리의 기도가 미약하기 때문입니다. 기도의 골방에서 많은 시간을 주님과의 만찬으로 보낼 수 있다면 우리의 삶이 그만큼 윤택해질 것입니다. 기도의 골방 안에서 보다 많은 시간을 하나님과 함께할 수 있다면 기도실을 나와서도 많은 일을 하나님과 함께 할 수 있습니다. 기도실에 잠시 머물렀다 바로 떠나는 식으로는 거짓되고 부족한 삶만 있을 뿐입니다. 그런 식의 기도는 우리 자신을 속이는 것일 뿐만 아니라 많은 일에서 실패하고 이미 얻은 유산까지 잃어버리는 지름길입니다. 기도의 골방에 머무를 때 우리는 교훈을 얻고 승리를 담보할 수 있습니다. 그곳에서 우리는 가르침을 받고 위대한 승리를 만들어낼 수 있습니다. 오래 머물고 오래 기다릴수록 더 큰 승리가 가능해집니다. 기도의 골방에서 하나님께 드릴 모든 말과 계획이 다 고갈되고 소진된 나머지, 침묵과 인내로만 기다림이 이어질 때, 그때 영광의 면류관이 준비됩니다. 예수 그리스도께서도 끈질긴 기다림으로 이어지는 기도를 강조하시면서 이렇게 말씀하셨습니다.

하물며 하나님께서 그 밤낮 부르짖는 택하신 자들의 원한을 풀어 주지 아니하시겠느냐 그들에게 오래 참으시겠느냐?(눅 18:7)

기도는 우리가 할 수 있는 가장 위대한 일입니다.

기도는 우리가 할 수 있는 가장 위대한 일입니다. 기도를 잘 하려면 은밀한 곳에서 조용히, 많은 시간을 들여 진지함으로 임해야 합니다. 그렇지 않으면 가장 보잘것없고 의미 없는 기도로 전락할 것입니다. 진실한 기도는 선한 열매를 맺으며 인색한 기도는 열매를 거두지 못합니다. 진실한 기도는 해도 해도 모자라고 인색한 기도는 우리를 부끄럽게 만듭니다. 우리는 기도의 가치를 새롭게 배워야 합니다. 기도의 능력을 새롭게 경험해야 합니다. 이를 위해 우리는 무엇보다 많은 시간을 들여야 합니다. 진실한 기도란 무엇인지에 대해 배우고 나면 찔끔거리며 기도하는 일은 생각할 수조차 없습니다. 대신 우리는 하나님과 기도로 교제하기 위해 하루 중 가장 좋은 시간을 드려야 하며, 변함이 없어야 합니다. 이것 말고는 어떤 것도 기도라고 부를 가치가 없습니다.

기도의 기근

지금은 기도의 시대라고 할 수 없습니다. 이땅에 기도하는 이들이 너무 적습니다. 기도는 설교자와 목회자에 의해 그 이름이 퇴색하고 말았습니다. 기계 문명의 발달과 생활의 분주함으로 말미암아, 사람들은 더 이상 기도에 시간을 들이지 않습니다. "기도하자"고 말하는 설교자들이 있긴 하지만 그것은 정기적인 혹은 특별 프로그램의 일환으로 강조될 뿐입니다. 지금 우리에게는 기도하는 사람들이 필요합니다. 그런데 과연 스스로를 기도에 헌신하며 하나님께 매달리는 이가 얼마나 있을까요? 하나님께 인정받기까지 씨름했던 야곱처럼 기도하는 이가 있을까요? 자연의 힘을 이끌어내며 가뭄을 멈추어 하나님의 정원으로 바꿀 수 있었던 엘리야처럼 기도하는 이가 있을까요? 동산에 올라가 밤이 새도록 하나님께 무릎꿇었던 예수님처럼 기도하는 이가 있을까요?

사도들은 기도에 헌신했습니다. 그것은 보통 사람에게나 심지어 사역자들에게도 가장 어려운 일입니다. 평신도들 가운데 가진 재물이 많아 기꺼이 헌금을 하는 이들이 있습니다만, 그들도 기도에 헌신하려고는 하지 않습니다. 그러나 기도가 없는 헌신은 오히려 재물을 재앙으로 바꿀 수 있습니다. 부흥의 필요성과 하나님 나라의 확장을 역설하며 유창한 언어로 메시지를 전하는 설교자들이 많습니다만, 그 가운데 스스로 기도에 헌신하는 이들은 또 많지 않습니다. 기도가 빠진 설교 준비와 선포는 공허할 뿐입니다. 우리 시대에 기도는 퇴물이자 잊혀진 습관으로 전락했습니다. 그렇기에 설교자들과 교회로 하여금 다시 기도할 수 있도록 이끌 누군가가 있다면 그는 세상에서 가장 큰 은혜를 베푸는 사람입니다.

CHAPTER 20
하나님은 기도의 사람을 찾으십니다

그리스도를 닮은 지도자

오순절 사건 이전의 사도들은 기도가 얼마나 중요한지에 대해 잘 몰랐었습니다. 그러나 오순절에 성령님이 오시고 충만하게 임하시자, 그들은 그리스도의 복음을 전하는 일에 기도가 얼마나 중요하며 결정적인지 깨달았습니다. 우리 시대에도 성령님은 그 어느 때보다 크고 급박한 외침으로 모든 성도를 향해 기도할 것을 요청하고 계십니다. 성도의 가장 바람직한 경건은 기도에 의해 세워지고 다듬어지며 완성됩니다. 성도들이 이른 새벽에, 늦은 밤에, 날이 새도록 기도하지 않는다면 복음은 전파되지 않으며 오히려 쇠락할지 모릅니다.

지금은 우리 시대의 그리스도인들에게 기도와 헌신의 모범을 가르칠 수 있는, 그리스도를 닮은 지도자들이 필요합니다. 우리는 혹시 기도하지 않는 성도가 아닐까요? 어쩌면 그런 성도를 양육하는 사역자는 아닐까요? 하나님의 백성들을 기도의 자리로 이끌 사도를 닮은 지도자는 어디에 있습니까? 그런 사람들이 나타나 제 역할을 감당한다면, 그보다 더 위대한 일은 없을 것입니다.

교육을 위한 도구들은 곳곳에 즐비하고 재정도 넘쳐나지만, 기도로 먼저 성숙하지 않고서는 그런 환경은 오히려 독이 될 수 있습니다. 기도를 많이 하는 것은 저절로 되지 않습니다. 떠들썩한 캠페인으로는 우리의 기도를 도울 수 없으며 조심하지 않을 경우 오히려 장애물이 될 수 있습니다.

기도로 세워진 리더십에서 나오는 헌신된 수고만이 이 일을 가능하게 합니다. 교회를 맡은 이들은 교회와 성도들의 마음과 삶의 중심에 기도가 새겨질 수 있도록 사도적 노력을 기울여야 합니다. 기도하는 지도자들만이 기도하는 성도를 세울 수 있습니다. 기도하는 사도들이 기도하는 성도를 낳을 수 있습니다. 기도로 채워진 강단만이 기도하는 좌석을 채울 수 있습니다. 지금 우리는 성도들로 하여금 기도에 헌신할 수 있도록 이끌 누군가가 절실히 필요합니다.

불행하게도 지금은 기도하는 성도들이 부족합니다. 기도하지 않는 성도는 성도로서의 열정도, 아름다움도, 능력도 없는 초라한 무리에 지나지 않습니다. 그렇다면 이러한 균열을 누가 메울 수 있습니까? 우리 시대의 교회가 기도할 수 있도록 이끌 수 있는 누군가가 있다면 그는 가장 위대한 종교개혁자이자 사도와 같을 것입니다.

모든 것의 출발점

이 시대뿐만 아니라 모든 세대를 통해 교회는 믿음을 굳게 지키고 거룩한 삶을 추구하며 영적 활력과 끊임없는 열심을 품은 사람들이 필요합니다. 그들의 기도와 신앙과 삶과 사역은 개인과 교회를 철저히 변화시킬 영적인 동력을 가지고 있습니다.

이것은 기발한 방법으로 이목을 집중시키거나 오락적 요소를 동원해 관심을 끄는 사람을 말하는 것은 아닙니다. 오히려 하나님의 말씀을 선포함으로, 그리고 성령의 능력으로 모든 것의 흐름을 뒤바꾸는 변화를 일으킬 수 있는 사람을 가리킵니다.

천부적 능력이나 교육을 통해 얻은 지식은 이러한 문제에 진정한 해결책이 되지 못합니다. 그러나 믿음과 기도와 철저한 헌신과 겸손과 하나님의 영광을 위해 자신을 버리는 것과 하나님의 충만을 끊임없이 찾고 구하는 열심이야말로 문제 해결의 출발점이 됩니다. 그런 사람은 교회로 하여금 하나님을 향해 불타 하나님은 기도의 사람을 찾으십니다.
하나님께서는 적합한 사람을 찾으시기만 하면
놀라운 일을 행하실 수 있습니다.

오르게 만들 수 있습니다. 소란스럽고 겉으로 화려한 방법이 아닌, 하나님을 위해 모든 것을 녹이고 움직일 수 있는 강렬하고도 조용한 열정으로 말입니다.

하나님의 간절한 필요

하나님께서는 적합한 사람을 찾으시기만 하면 놀라운 일을 행하실 수 있습니다. 사람들은 하나님께서 자신들을 인도하시기만 하면 놀라운 일을 행할 수 있습니다. 세상을 뒤집어엎을 만한 성령의 부으심이 이 마지막 시대에 특별히 필요합니다. 하나님을 위해 세상을 요란케 할 수 있는 사람, 그들의 영적 변혁이 세상의 모든 것을 변화시킬 수 있는 사람이 우리의 교회에 가장 필요한 사람입니다.

역사를 돌아보면, 교회에 이와 같은 사람들이 없었던 적은 없었습니다. 그들은 역사의 한 페이지를 줄곧 장식해 왔으며, 하나님의 교회에 기적을 불러왔습니다. 그들이 보여준 삶의 흔적은 우리에게 끊임없는 영감과 축복의 통로가 됩니다. 그런 사람들이 더욱 늘어나고 그들의 영향력이 더욱 커지도록 우리는 기도해야 합니다.

지난 날 일어났던 영적인 부흥과 기적들은 또다시 반복될 수 있으며 그보다 더 좋은 일도 우리에게 현실로 나타날 수 있습니다. 그리스도께서도 이와 동일한 생각을 품고 계셨습니다. 그분은 "진실로 진실로 너희에게 이르노니 나를 믿는 자는 나의 하는 일을 저도 할 것이요 또한 이보다 큰 것도 하리니 이는 내가 아버지께로 감이니라"(요 14:12)고 말씀하셨습니다. 하나님을 위해 위대한 일을 행하는 것은 과거에만 가능했거나 과거에만 필요했던 일이 아닙니다. 그러므로 능력과 은혜의 기적을 바라면서도 그것이 과거에나 가능했던 일이라고 치부하는 교회가 있다면 그 교회는 타락한 교회입니다.

하나님은 사람을 세우기 원하십니다. 자기와 세상을 십자가에 철저히 못박은 사람, 자기와 세상은 철저히 부패하여 더 이상 소망도 회복도 기대할 수 없도록 파산한 사람, 십자가 죽음과 철저한 자기 부인을 통해 온전한 마음으로 하나님께 돌아선 사람을 원하십니다. 우리가 그런 사람이 되기를 소원합니다. 또한 우리의 기도가 뜨거워지고, 우리의 기도로 하나님의 약속이 실현되며, 우리가 생각하지 못했던 놀라운 역사가 능력으로 일어나도록 힘을 모아 기도합시다.

〈기도의 능력〉 기도 노트

💕 날짜.　　　　　　　💕 하나님과 대화 시간.

* 기도와 간구 제목들

* 하나님의 응답과 말씀

* 나의 결단

〈기도의 능력〉 기도 노트

❤️ 날짜.　　　　　　❤️ 하나님과 대화 시간.

* 기도와 간구 제목들

* 하나님의 응답과 말씀

* 나의 결단

〈기도의 능력〉 기도 노트

날짜.　　　　　　　　하나님과 대화 시간.

* 기도와 간구 제목들

* 하나님의 응답과 말씀

* 나의 결단

〈기도의 능력〉 기도 노트

♥ 날짜.   ♥ 하나님과 대화 시간.

* 기도와 간구 제목들

* 하나님의 응답과 말씀

* 나의 결단

〈기도의 능력〉 기도 노트

❤️ 날짜.　　　　　　❤️ 하나님과 대화 시간.

* 기도와 간구 제목들

* 하나님의 응답과 말씀

* 나의 결단

〈기도의 능력〉 기도 노트

💕 날짜.   💕 하나님과 대화 시간.

* 기도와 간구 제목들

* 하나님의 응답과 말씀

* 나의 결단